먹먹한 날도
가슴 떨리는 날도
꽃이 피는 날도
모두 다 생의 재료가 된다

■ 이정인 에세이

마음 밭 꽃씨 하나

■ 작가의 말

 봄이 온다는 것은 너무나 사랑스러운 일입니다. 만물의 길이 열리고 새로운 싹이 나고 꽃으로 피어나는 귀하고 멋진 일입니다. 사랑스러운 나의 봄에게 하고 싶은 말이 너무나 많습니다.

 나는 다른 사람과 다른 특징을 가지고 있습니다. 많은 깃이 느린데 특히 알아차림이 많이 느린 그런 사람입니다. 내 마음이 좋아하는 일에 관심이 많으며 마음이 불편한 일을 즐겨하지 않는 마음에 많은 것을 의지하는 그런 기질을 가지고 있습니다. 마음으로부터 좋아하는 것의 변곡점을 지나게 되면 탄력을 받게 되고 그때부터 포기하지 않는 근성과 나를 즐기는 그런 사람입니다. 그래서 공부도 남들보다 늦게 했고 오십이 넘은 지금도 여전히 공부하고 있습니다.

 5년 전 인생을 바꾸어 줄 소중한 단어를 만났습니다. '옳고바른마음' 여섯 글자입니다. 특별한 여섯 글자는 씩씩하게 걸어와 내 인생에 앉았고 날마다 나에게 말을 시켰습니다. '옳고바른마음'이란 윤리적인 잣대나 도덕적 규범이 아닙니다. 옳고 그름으로 사람을 가르고 경계하는 것이 아니라 우리 마음 밭의 꽃씨 하나를 발아시켜 줄 용기이고 누구나 인생에 올 때 필수품으로 가지고 오는 소중한 재료인 마음을 좋은 방향으로 움직여 줄 수 있는 응원의 단어입니다. 내가 만난 '옳고 바른 마음' 여섯 글자는 성장의 토양 분이었고 행복한 지원군들을 만나게 해준 인생의 친구가 되어준 마법의 단어입니다.

 모든 인생은 마땅히 행복해야 합니다. 행복한 마음을 채우기 위해 많은 사람을 만났고 사람들에게서 많은 것을 보고 듣고 만지며 채집했습니다. 그러다가 마음 사용법을 알게 되었습니다. 마음 사용법은 의외로 간단합니다. 날마다 눈을 뜨면 먼저 나의 마음에 편안한지 아니면 불편한지를 물어보고 마음이 불편하다고 대답하면 어떤 이유로 불편한지를 알아가는 일을 습관적으로 하다 보니 마음은 어느새 내가 생각하는 범위보다 훨씬 커져 있었고 나를 지켜낼 수 있는 엄청난 힘을 가진 또 하나의 내가 되어 있다는 것을 알게 되었습니다.

 마음이 바뀌게 되니 삶의 모든 것이 숨 쉬는 것에서부터 감사로 자동 변환이 되었습니다. 마음은 기적을 만들어 주는 놀라운 일도 선물하였고 사람 부자를 만들어 주었습니다.
 인연이 되어 만나게 되는 사람들과 행복한 에너지를 주고받으며 언어의 씨앗을 함께 뿌리며 언어의 정원을 만들어 가고 있습니다.

 서로의 가치를 '같이'로 함께 채우며 살아가는 지금이 참 좋습니다. 인생의 봄은 누구나의 마음에 동일하게 찾아오는 것을 알게 되었고 마음으로 소통하는 좋은 친구들이 선물처럼 만들어졌습니다. 마음에 말을 걸 때마다 마음 밭 꽃씨 하나는 흔들리며 자라날 준비를 합니다. 아름다운 것은 진정 아름다운 것은 흔들림 속에서 자라난다는 것을 배웠습니다.

 세상의 모든 마음들에게 '힘내'라는 말을 해주고 싶습니다.
 다 잘 될 것이라는 응원을 거세게 보내주고 싶습니다. 나의 친구가 되어준 사람들에게 감사를 전합니다. 졸필을 세상에 내놓으며 가슴 벅찬 새벽을 만나고 있습니다.

 많이 부족한 글이지만 누군가에게 '마음 밭 꽃씨 하나'를 자라나게 할 수 있었으면 좋겠습니다. 책 속에 나오는 사람들은 제가 살면서 만났던 고맙고 소중한 사람들입니다.

 오래도록 이어질 그대들과의 행복한 동행에 오늘도 뛰는 가슴이 참 좋습니다.

        2023년 봄이 시작되는 3월에.....정인

■ 차례

제1부
어느 날의 달빛

행복 요양원 · 14
함께 걸어가는 길 · 17
인생 친구 · 19
멈추면 보이는 것들 · 22
사람이 꽃보다 아름다워 · 24
행복 인터뷰 · 27
말이 가진 힘 · 30
어느날의 달빛 마중 · 33
품앗이 · 35

▌차례

제 2 부
그럴 수 있지 뭐

나는 괜찮아지고 있는 중 · 39
강화도에서 생긴 일 · 42
기다려 주는 것도 · 45
백년 손님과 아들 · 48
택시 안에서 · 51
슴아트를 만드는 응원군의 나라 · 54
프로필 사진을 찍으며 · 56
그럴 수 있지 뭐 · 58

■ 차례

제 3 부
여름 이야기

한여름 밤 꿈의 축제 · 61
Good Love · 63
여름 이야기 · 66
폭염 속 엇갈린 약속 · 68
당신은 나의 친구입니다 · 71
풀씨 하나가 만들어 준 인연 · 74
93세의 레드카펫 · 77
브라보 마이 라이프 · 79

■ 차례

제 4 부
모든 것의 모든 것이 되어

위태함이 보내주는 신호·82
모든 것의 모든 것이 되어·85
과제·87
사람의 마음씨 안에는 모든 것이 가득해·90
말 한마디가 천냥 빚을 갚아줄까·93
생각에서 생각으로 건너가는 법·95
여자의 동지는 바로 여자이니까·97
공감은 선물이고 소통은 숙제다·100
우리가 사랑하려는 것은·102

■ 차례

제 5 부
무념무상이 되는 날

여행길에서 느껴보는 삶 · 105
엄마 손이 약손이지 · 108
자유인을 위한 어느날의 인터뷰 · 111
아버지의 새우젓 · 114
마흔 일곱 살 김숙희를 위해서 · 116
여행지에서 생긴 일 · 118
무념무상이 되는 날 · 120
사람은 늙는 것이 아니고 · 123
세상의 모든 것과 함께 · 126
웃어봐 · 129
꽃신을 신고 걸어보자 · 131
이정인의 글 세계 · 133

▌책 머리에

첫 에세이집 발간을 축하하며

구호원

 필자와의 첫 인연은 5년 전 공담론 모임이 있었던 계룡산 아래 한적한 시골 마을에서부터 우연한 만남 으로 시작되었다. 큰 눈과 조화로운 얼굴은 해맑은 어린 소녀처럼 천진난만하고 꾸밈없는 당당함이 탱탱볼처럼 내게 다가왔다.

"무슨 일하시는 분이세요?"

"옳고바른마음 인지교육과 실천 운동"하고 있습니다.

"어! 그거 내가 해야 되는데…"

 이렇게 맺어진 만남이 필연이었을까 같은 일을 하며 한 방향을 향해 가는 동행이 되어 인성 회복을 위한 마음 백신 분양사업으로 옳고 바른 마음 인지 교육과 실천 운동에 혼신의 힘을 다 하면서도 작가로서, 기자로서, 단체

사무총장으로서 지칠법도 하련만 항상 미소와 희망으로 가득한 모습이었다.

 마음 밭 꽃씨 하나로 연재된 컬럼은 언어의 뿌리가 생각이고 생각의 뿌리가 마음임을 알게 하는 큰 뜻을 담고 마음 밭에 "옳고 바른 마음"으로 뿌려진 씨앗은 희망이 되고 지혜가 되고 꿈이 되어 세상을 향기로운 미소로 채색하는 언어의 화가이자 언어의 마법사처럼 빛이 된다.

 그런 이정인 작가님을 무한 응원합니다.

제1부
어느 날의 달빛

행복 요양원 •
함께 걸어가는 길 •
인생 친구 •
멈추면 보이는 것들 •
사람이 꽃보다 아름다워 •
행복 인터뷰 •
말이 가진 힘 •
어느날의 달빛 마중 •
품앗이 •

행복 요양원

　일흔 두 시간 째 숙면은 고사하고 눈꺼풀 마저 감기지 않는 나는 밤거리를 향해 너덜거리는 반바지를 입었습니다. 바지보다 더 너덜거리는 마음이 저만치 기우뚱거리며 따라오고 있습니다. 누군가를 향한 멈출 수 없는 미움은 온통 자신을 피해자를 만들어 모든 원인이 내가 아니라 상대에게만 있는 것처럼 단정 짓는 것으로 마음은 앞장서지 못하고 따라다니고 있습니다.

　그렇게 한참을 걷는데 눈에 들어오는 간판 하나 '행복 요양원'입니다. 다음날 아침 행복 요양원을 무작정 찾아 갔습니다. 그냥 그래야 하는 것처럼 발걸음이 방향을 만들어 주었습니다.

　요양원 원장님께 혹여 이곳에서 할 수 있는 일이 있는지 물었더니 봉사자들이 많이 다녀가긴 하지만 60명의 어르신을 돌봄 하기에는 손이 많이 부족하다 하시며 봉사를 해주면 고맙다는 말을 하셨습니다. 다음날부터 하루에 4시간씩 6개월 동안 봉사를 하겠다는 약속을 하였습니다.

부지런히 주방 일을 도왔더니 며칠 후 위층으로 올라가 어르신들을 돌보는 일을 해 보라고 하십니다. 우기(雨期)철이었고 요양원이 마침 공사 중이었기에 커다란 강당에서 60명의 어르신들이 함께 모여 계시는데 그중 단정하고 언어도 또랑또랑한 어르신께서 저를 부르시더니 이곳에 온 지 사흘째인데 급하게 오느라 집에 중요한 서류를 처리하지 못하고 왔다고 하시며 당신을 좀 도와 달라고 하십니다.

간호사님 말씀이 3년째 같은 말만 하고 계신다며 여든이 넘은 나이에 대학을 나오셨고 자녀가 없으신 어르신이라는 말을 전해주네요.

휠체어에 묶여 있는 어르신들도 보이는데 너무 놀라 왜 어르신을 이리 묶어 놓았냐 물으니 안 그러면 하루 종일 눈에 보이는 모든 것을 뜯어먹고 계시기에 어쩔 수가 없다고 합니다.

침을 흘리며 옆에 있는 어르신에게 하루 종일 험한 욕을 하는 어르신, 연신 화장실을 들어가 지저분한 휴지를 주머니에 넣는 어르신, 빚 받으러 가야 한다며 바로 옆에 있는 침대에 다가가 돈 달라고 떼를 쓰는 어르신…

저녁을 드시고 난 후 양치를 시켜드리는 시간인데 우기철 행복 요양원의 저녁은 비위가 이만저만 상하는 것이 아니었습니다. 작은 컵 하나에 담겨야 하는 틀니, 젊은 날의 영광은 지워져 버리고 무엇 하나 스스로 할 수 없는 사람들

집에 돌아와 적어 보기 시작한 첫 번째 감사는 양치질을

스스로 할 수 있는 기쁨이 얼마나 큰 것인지에 대한 것이 었고 스스로 밥을 먹을 수 있는 기쁨과 연이어 감사의 이유들이 제어하기 어려울 만큼이나 적히기 시작합니다. 아침에 눈을 뜨면 눈곱도 떼기 전 감사의 이유들이 주렁주렁 마음에서 걸어 나오기 시작합니다.

 감사를 적는 기쁨이 얼마나 크던지 건조하고 메말라 바늘 자욱하나 들어가지 못하던 마음에 무늬가 생겨 나더니 내가 사용하는 말의 주어가 변하고 감사가 만 들어 준 기적은 내 삶의 사람들을 바꾸어 주었고 내 인생의 동사가 날마다 춤을 추는 삶으로 만들어 주기 시작했습니다.

 감사가 만들어 준 기적은 사람들을 사랑하게 깨닫게 해준 행복 요양원의 선물입니다

함께 걸어가는 길

 사람들에게 이미 운명이 정해져 있다면 그것은 정말 재미없는 일이다. 누군가 운명을 정해놓고 그 운명을 따라가라 한다면 아무도 가지 않을 것이다.

 정해진 길이라도 원치 않는다는 것은 내 안에서 나를 움직이는 동력의 방향을 알게 된 것이고 그것은 촉수의 예민함이 아니라, 몸 안에서 상호작용을 하는 가장 큰 힘의 근원을 발견해 낸 기쁨이다.

 지금껏 나는 생각의 에너지로 살아왔다.

 생각통이 가득히 채워져 있는데 어떤 이유인지 허전함이 밀려왔고 어떤 원인으로 허전한 건지를 찾아내지 못해 사람들의 걸음에 떠밀려가야 했다. 걸으면서 들여다보니 마음이 보이지를 않았다.

 어디에서 잃어버린 것일까?
 언제나 늘 같은 자리에 있을 줄 알았던 마음이 사라져 버린 것이다. 생각은 기울어지고 무거움은 조금 더 앞으로 튀어나왔다.

메마른 어느 지점에서 헤매고 있을지도 모르는 마음을 찾아 걸어오던 길을 다시 되돌아 가보기로 했다.
순간 목적지는 의미가 없어지고 잃어버린 마음에게 미안해지기 시작한다.

바람이 불고 웅성거리는 사람들의 거리는 시끄러운 발걸음 소리로 요란하다.
보일 듯 보이지 않는 듯 마음 한 조각이 어디에서 이별한 주인을 기다리고 있는지, 마음을 다시 내 안에 넣어주어야 하는데 방법을 알 수가 없다.

어둠은 다시 새벽을 데려오고 생각은 마음 통 안으로 들어갔다. 사람의 마음에는 씨가 있고 그 씨앗은 마음을 자라나게 함으로 내가 누구인지를 알게 해준다.

그것이 바로 생각을 바꾸어 마음 통을 채워줄 수 있는 마음이 가진 강력한 힘이다. 주어진 운명의 파노라마가 아니라 당당하게 새로운 길을 만들고 마음의 씨앗에 물을 주고 기다려주는 행복한 생의 주인이 되게 한다.

운명이라는 것에 대하여 운명은 정해져 있지 않다는 것으로 결론 짓는다.

우리는 꼬인 팔자가 아니라 마음의 근원을 바꾸어 원하는 세상으로 멋진 원을 만들어 내는 것이다. 우리 다 함께 그 길을 걸어가 보자.

인생 친구

 이른 아침 반려견을 산책시키기 위해 집 근처 공원을 찾았다. 제법 이른 시간인데도 벤치에는 많은 사람들이 앉아있었다. 칠십세 쯤 되어 보이는 그녀들 곁을 지나는데 대화가 너무나 선명하게도 들려온다

"내가 한 시집살이는 말이지... 우리 시엄니는 어쩌면 그리도 나를 못살게 굴던지... 삼복 더위에 땀을 뻘뻘 흘리며 아침상을 차려드리면 반찬을 이따위로 만들어 주냐고 먹을 반찬이 없다고 수저를 던져버리기 일쑤니 원 그 비유를 맞추며 살다 보니 이 주름살이 다 시엄니가 만들어 준 것이라네..."

 옆에 앉은 친구인지 지인인지 거드는 대화가 참으로 재미가 있다.

 당신의 아침 산책 벗이 꺼내놓은 마음의 상처에는 관심 없고 자신이 겪은 시집살이 얘기를 꺼내놓는다. 홀시엄니에 시누이들 시동생들 뒤치다꺼리에 상처투성이

마음을 너줄너줄 꺼내 놓고 있다.

 공원의 아침은 예쁜 꽃들과 멋진 자연의 풍경이 가득한데 자연에 앉아있는 그녀들은 오랜 시간 동안 마음에 담아 둔 상처에 눈앞에 고운 꽃이 주는 위로를 만나지 못한다.
 우리가 쓰는 생활 언어는 마음에서 흘러나오는 습관이고 추임새다.

 어떤 이가 말하기를 특정한 한 사람을 지칭해 자신은 그녀와 인생 친구라고 했다. 인생 친구라는 것은 자신의 모든 것을 평생동안 내어준다는 의미이다.

 한 생을 살아낸다는 것에 우리는 서로의 언어를 들어줌과 동시에 위로가 필요하다.

 삶이란 일종의 학교 같은 것이기도 하고 앎을 체험하며 미지를 향해 끝없이 시간을 걸어가는 것이다. 어떤 사건을 만날지, 어떤 사람을 만날지 알 수 없기에 나의 존재를 묵묵히 응원해주고 믿어주며 사랑해주는 그런 인생 친구가 반드시 있어야 한다.

 우리는 상처에서 걸어 나와야 하고 희망을 다시 꿈꾸어야 하며 두려움이라는 것에서 벗어나야 한다. 시간을 창조하며 살아가는 우리에게는 다정하고 따스한 인생의 친구 한 명이 생의 동반자로 반드시 필요하다.

어느 멋진 여름날 아침, 우연히 산책길에 나섰다가 들려오는 생의 맛있는 소리들을 마음에 담아 기쁨의 추임새를 하며 살 수 있도록 말이다.

　별처럼 수 많은 사람들 중에 나를 믿어주고 지지해주며 아껴주는 이가 그대에게는 있는가?

멈추면 보이는 것들

　어느 날 갑자기 찾아온 코로나 바이러스는 시간과 공간을 초월해 많은 사람을 찾아다니면서 일상에 훼방을 놓고 있다. 어떤 이유에서인지 나는 작년 8월 29일에도, 올해 8월 29일에도 동일한 날에 코로나를 만났다.

　당황하지 않고 1주일의 할 일을 계획하고 바이러스에게 지지 않겠다는 의지를 가지고 첫날을 시작했는데 작년보다 더 심각한 통증과 어지럼증에 눕고 말았다. 어지럼증보다 1주일을 멈추어 주춤거려야 한다는 불편한 마음이 커지고 밀려있는 분주한 일들, 아무것도 안 하는 나는 잠을 자고 일어나면 본능이 주는 허기로 음식을 먹으며 음식이 아무런 맛이 없다는 것에 나의 언어는 불평이 된다.

　동일하게 1주일을 쉬어야 하는 아들이 다음 주에 예정되어 있는 가족 여행을 차질없이 잘 다녀올 수 있으니 얼마나 절묘한 타이밍에 가족 모두가 걸려든 것이냐고 웃는다. 아들과 오래 전 함께 보고 싶었으나 놓치고 말았던 영화 제목을 기억하고 있던 딸이 재미있는 영화를 보자면서 간식을 챙긴다.

 아주 오랜만에 이동 거리 없는 온전한 1주일을 집에서 아이들과 보내며 서로의 마음을 이야기 했다. 함께 음식을 만들어 먹으며 또 웃음이 채워졌다. 불편함이 만들어 준 뜻하지 않은 선물이었다.

 먹먹한 날도, 가슴 떨리는 날도, 꽃이 피는 날도 모두 다 생의 재료가 된다. 세상에 큰 울음으로 왔던 먼 시간이었을 때 나의 수호신이었던 부모의 찬스는 이제 내게 순서가 넘어온 것이라고 생각 하며 행복한 찬스를 가지고 있다.

 멈추어 바라봄, 그것은 여행지에서 한 꼭지를 이루는 시경과 경지를 마련해주는 행복한 당신과 나의 자기관리 체계이다.

 모든 순간이 특별하고 모든 사람이 다 소중하다.

사람이 꽃보다 아름다워

 사람이 온다는 건 실은 어마어마한 일이다. 그는 그의 과거와 현재와 그리고 그의 미래가 함께 오기 때문이다. 한 사람의 일생이 오기 때문이다.

 부서지기 쉬운 부서지기도 했을 마음이 오는 것이다. 정현종 시인의 방문객은 사람과 사람의 모임에서 참으로 많은 회자가 되는 작품이고 사람의 만남을 정의하는 명쾌한 의미를 지닌 시다.

 교육 프로그램을 진행하면서 강사를 섭외하는 것은 매우 중요한 일이다. 교육생들에게 조금 더 따뜻하고 인문학적인 가치 있는 시간을 선물하고 싶었기에 이에 걸맞은 강사를 어렵게 섭외했다.

 늘 자신의 강의 시간보다 일찍이 오는 사람이었기에 아무런 확인도 하지 않은 채 강의 시간이 다 되어가는데 4층에 도착했다는 연락이 왔다. 우리가 진행하는 곳은 4층이 없는데 어쩐 일인가 싶어 전화를 했더니 아뿔싸 내가 강의 장소를 잘못 알려주었던 것이다. 처음 교육 프로그램을 만들면서 교육 장소를 천안사무실로 임의표기를 해놓았던 것을 장소 확정 후 변경해서 다시 만들었던 강의표를 보내주지 않았던 것이다.

 그녀는 인천에서 천안까지 이미 100킬로를 달려간 것이었고 우리가 교육을 진행하는 곳은 강원도 춘천이었기에 정말 난감하기가... 어떻게 수습을 해야 할지 정말 막막하고 어려운 순간이었는데 그녀는 춘천 강의 장소를 알려 달라고 했다. 천안에서 춘천까지는 140킬로가 넘는 거리인데 그녀는 망설임 없이 오겠다는 말을 하며 강의 시간을 변경할 수 있는지를 묻는다. 다행스럽게도 강의시간을 변경하는 것은 가능한 일이었기에 강의 시간을 바꾸고 진행을 하였지만 불편하고 미안한 마음이 산처럼 커진다.

 거침없이 달려온 그녀의 강의는 열정이 넘쳤고 기대보다 더 교육생들의 마음에 많은 것을 채워주었으며 어떤 인문학을 강의하는 강사보다 멋지고 아름다웠다.
 너무나 당황스러웠을 너무나 힘들었을 그녀는 역시 멋진 프로였다. 강사로서의 표정과 웃음이 그랬고 사람의 마음을 차분하게 움직이는 실력이 그랬고 불편함을 내색하지 않는 깊고 따뜻한 마음의 질량이 그랬다.

 깊은 밤 강원도의 꼬불꼬불한 길을 돌아 집으로 돌아가는 그녀의 차량 불빛이 저멀리 멀어지기까지 바라보며 안전 귀가가 이루어졌다는 연락이 오기까지 온통 그녀 생각을 하고 있었는데 2시간이 채 되기 전에 무사하게 잘 도착 했다는 연락이 왔다.

우리의 인연은 어느 사람들 가운데였는데 많은 시간을 함께 나누었던 것은 아니었지만 그녀가 보여주는 삶에 대한 깊은 애정과 열정을 바라보며 가끔은 그녀의 삶을 벤치마킹도 해 보며 삶의 먼 시간을 선한 이웃으로 확정해 놓은 그런 사람이다.

　긴 생의 우리 시간에 더불어 함께 마음을 나눌 수 있는 선한 이웃으로 그녀가 내 옆에 있다는 것에 나는 행복한 사람이다. 며칠 후 그녀에게서 선물이 도착했다. 잘 어울릴 듯 보여서 선물한다는 멘트와 함께여서 행복하다며 빨간 립스틱이 왔다.

　한 사람이 온다는 건 실로 어마어마 하다는 정현종 시인의 시어는 참으로 옳다. 그리고 그녀는 꽃보다 아름답다.

행복 인터뷰

 대문호이며 거장인 괴테는 80살이 넘어서 매일 피를 토하는 중병에 걸렸지만 그는 결국 병을 이겨냈고 '파우스트'라는 대작을 세상에 선물했다. 어쩌면 가득했을 두려움을 그는 어떤 마음으로 이겨낼 수 있었을까?

 초등학교의 학력을 가지고 서울에 올라와 성공이라는 두 글자만을 가지고 살아온 사람이 있다. 그는 한강이 보이는 곳에 집을 사고 사랑하는 아내와 아이들이 행복한 웃음을 지으며 살아가는 것에 자신의 젊은 날을 걸었다고 한다. 꿈은 이루어진다고 그의 꿈 또한 45세가 되기도 전에 이루어졌다.

 날마다 거대하고 아름다운 한강의 뷰를 바라보며 차를 마시고 아이들과 대화를 즐기며 살아가던 날 중에 동업하던 친구의 배신으로 회사를 뺏기게 되었고 그토록 곱게 가꾸며 살았던 집마저 살 수 가 없는 지경이 되어 가족은 흩어지게 되었고 아이들 마음도 챙김할 수 없는 처지가 되니 인생의 모든 것이 고단하고 아파졌다고 한다.

누구도 예견하기 싫을 생의 벼랑 끝 점.
젊은 날의 모두를 걸고 노력했던 것들이 무너지게 되니 어떻게 해야 하는지를 알 수가 없어 가족을 챙기기 못한 채 세상을 등지고, 사람을 등지고 산으로 들어갔다고 한다.

삶의 모든 것을 내려놓게 했던 시간에 오십의 남자의 마음은 얼마나 힘들고 외로웠을까?

환경이 어려워졌을 때 가족이 주는 무한의 힘이 절실하게 필요하다. 그가 평생을 사랑했던 그의 아내는 남편의 실패에 남편에게 쉼의 시간을 가지라고 위로의 말을 했고 아이들은 아빠의 고통에 함께하겠다며 아빠 혼자만의 고통이어서는 절대 안 된다고 서로를 믿고 의지하며 다시 살아낸 시간이 이제 십 년이 되어간다고 하는데 그럼에도 불구하고 아직 많은 것들이 회복되지 않았지만 그는 포기하지 않겠다고 한다.

우리 생은 어쩌면 수직 절벽을 오르는 것과 같다는 생각이 든다. 거대한 실패를 만나고 다시 일어나고 도저히 이룰 수 없을 거 같은 꿈을 꾸고 그 꿈을 거짓말처럼 이루어내며 오늘도 우리는 우리 삶, 우리 꿈과의 정면 승부에 멈추지 말고 힘차게 달려보아야만 한다.

땀에 흠뻑 젖은 등을 보이던 그는 80살에 중병을 이겨내고 세상에 대작을 선물했던 괴테의 나이가 되면 자신도 당당하게 자서전을 세상에 내놓고 싶다며 멋진 자서전의 기승전결이 될 수 있는 삶을 아내와 자녀들과 잘 채워내겠다는 말을 한다. 아직 마음에 가득 꿈을 품고 있다면서...

말(言語)이 가진 힘

 사람에게는 마음에 구멍이 있다고 합니다. 그런데 그 구멍 은 어떤 것으로도 채워지지 않는다고 합니다. 그런 이유로 사람들은 신을 찾거나 아니면 여러 가지 방법으로 마음의 구멍을 메워보려고 애를 씁니다. 그럼에도 불구하고 사람의 마음에 있는 구멍은 더 커지거나 줄어들 뿐 절대로 어떤 방법으로도 채워지지 않는다고 합니다. 그렇다면 우리는 마음의 구멍을 어떻게 채워가야 할까요?

 인생에는 비밀이 숨어 있습니다. 그 첫 번째 비밀이 바로 사랑입니다. 우리는 서로 사랑하며 살아야 합니다.
 그러려면 먼저 나 자신을 가득히 사랑하고 나를 중심으로 사람들을 사랑해야 합니다. 사랑은 좋은 방법으로 커져야 하고 우리의 아이들은 사랑의 힘으로 자라야 합니다. 그 모든 사랑의 행위를 보여주고 나타낼 수 있는 것이 바로 사랑이 가 진 힘입니다.

 사랑을 표현할 수 있는 것도 언어이고 반대로 미움을 나타내는 것도 언어입니다. 우리의 의식 중에 날마다 또는 무의식중에 사용하는 언어는 보이지 않는 싹을 틔우며 우리의 인생 안에 고스란히 스며들어 있습니다. 우리가 살아내는 인생의 길을 언어가 만들어 주는 것입니다.

타인의 이야기를 즐겨하는 사람들을 종종 볼 수 있습니다. 타인의 이야기를 하는 사람들의 특징을 보면 좋은 이야기 보다는 좋지 않은 이야기가 주재료가 됩니다. 사실과 다른 꾸며진 이야기가 너무 많습니다.

사람들은 왜 타인의 왜곡된 이야기를 길게 하는 것일까요? 마음의 구멍이 너무 커서 메울 수 없다고 생각하기에 타인의 이야기로 구멍을 메워보는 것입니다.

백 년도 아닌 단지 몇 십 년의 인생을 살다 가면서 우리는 좋은 삶을 지향하며 살아야 합니다. 남을 비방하거나 흠집을 내는 언어는 지양을 해야 하며 긍정의 고운 언어를 사용하며 살다 가야 합니다.

우리는 타인의 인생을 빌려서 사는 것도 아니고 또 인생은 무한이 아닌 잠시의 유한의 시간을 경험할 뿐이기 때문에, 어떤 이는 인생을 소풍이라고 표현하는 사람도 있습니다. 저는 인생이 언어의 정원을 가꾸는 것이라고 표현합니다.

날마다 숨 쉬는 순간마다 감사할 수는 없으나 살아가다 보면 불만과 불평의 이야기도 만들어질 수 있습니다.
이 모든 것을 담아낼 수 있는 마음은 고운 언어를 싹틔울 수 있는 무한의 힘을 가지고 있다는 것을 인정하고 그 마음으로부터 흘러나오는 말의 씨앗이 좋은 힘을 가지고 번창할 수 있도록 사람을 사랑하고 위로하며 서로에게 힘이 되는 좋은 말을 표현하고 사용해야 합니다.

　그렇게 후회 없는 인생을 잘 살다 가는 것이 우리의 책임이고 숙제입니다.

어느 날의 달빛 마중

 마음이 지치고 힘에 겹던 날 밤, 잠은 오지 않고 그날따라 달빛은 왜 그리도 커다란지 창가로 스며들어 오는 달빛을 따라 달빛 마중을 나갔습니다.

 스산한 마음은 가득해지고 누군가에게 위로라도 받으면 좋겠다는 마음에 편한 친구에게 전화를 걸어 나의 불편한 마음을 이야기했더니 그 친구는 큰소리로 웃으며 아는 사람 이름을 한 사람, 한 사람, 부르면서 그들을 위한 마음으로 축복의 기도를 해보면 어떨까 하며 알려주었습니다.

 어쩌면 마음이 편해질지도 모른다고 이상한 말을 해주며 자신도 그렇게 해보았는데 생각보다 마음이 좋아졌다라고 말하며 한 번 해 보라 알려줍니다.

 별다른 기도는 떠오르지 않고 무상한 달빛만 마주하고 한참을 그렇게 앉아있다가 길어지는 시간 틈에서 누군가의 얼굴이 다가오기 시작했습니다. 중얼중얼 마음이 가는 데로 달님을 향해 주문을 외우듯이 이야기를 시작했습니다.

 그렇게 시작된 나의 깊은 밤 달빛 마중은 떠오르는 한 사람 한 사람을 생각하면서 긴 얘기가 시작 되었고 마음에서 느껴지는 데로 달님에게 열심히 빌었습니다. 기도라는 것이 그렇더군요. 서툴게 어색하게 시작이 되었는데 하면 할수록 재미있고 마음이 편안해지면서 묘한 끌림으로 하루가 이어지고 있었습니다.

 어느 날부터인가 불안함과 불편함이 사라지고 누군가를 위한 기도가 나의 삶을 바꾸어 주는 이상한 현상이 생기면서 기도의 시간이 마음에 편안함으로 쌓이기 시작했습니다.

 중년의 길 위에서 마주하는 시간이, 사람들이, 소중하게 여겨집니다. 지혜는 탈무드에만 있는 것이 아니라 내 안에 바로 내 옆에 함께 하는 인연들에게 연결되어 있다는 것을 알게 됩니다.

 오늘도 달빛마중을 나가야겠습니다. 살아온 인연이 선물해 준 사람들의 이름이 자꾸만 길어지는 것을 보니 잘 살아가고 있는 것 같습니다. 사람으로 인한 인연이 참으로 소중하다 생각하며 나에게 온 인연을 잘 지켜가면서 불안한 중년의 시간을 잘 채워가야겠습니다.

품앗이

 봄날이 기울어지는 오후 장을 보고 있는데 어린아이의 울음소리가 매장이 떠나가라 들린다. 궁금해진 나는 소리 나는 쪽으로 다가가 보았다. 아이를 달래는 엄마의 얼굴이 온통 땀으로 젖어 있었고 계산대에 물건을 올려놓고서야 아이 엄마는 지갑을 집에 두고 온 것을 알게 되었다고 한다. 계산을 해주고 아이에게 주스를 건네주었더니 온 힘을 다해 울고 있던 아이는 어쩌면 그리도 해맑게 웃는지 인형처럼 예뻤다.

 아이 엄마가 계좌이체를 해주겠다는 것을 괜찮다고 하며 돌아서는데 몇 년 전의 일이 문득 기억이 났다. 요금소를 통과해야 하는데 현금이 없다는 것을 알게 되어 당황스러워진 나는 계좌이체를 해주겠다고 했지만, 한 평도 안 되는 작은 공간에서 일하시는 그 분께서는 환하게 웃으시면서 계좌이체 하지 말고 그냥 가라고 한다.

 그리고 10년 전 어느 모임에서 알게 된 선생님이 있었는데 당시는 삶의 모든 것이 힘들었을 때였다. 어느날 그 선생님께 전화가 왔다. 아이가 셋 있다고 들었는데 성장기의 아이들이 꼭 읽으면 좋은 책이 있는데 당신이 그 책을 사서 보내주면 좋겠으나 상황이 여의치 않으니 계좌번호를 알려주면 대신 아이들 책값을 송금해 주시겠다고 말씀하셨다.

순간 당황스러웠던 나의 망설임이 길어지자 선생님께서는 버럭 소리를 지르시며 사람 부끄럽게 적은 돈이라 계좌를 알려주지 않는 것이냐며 당장 계좌를 보내라 하셨다.

1분 뒤 내 계좌에 들어온 돈은 일천만 원이었다. 지금 생각해도 충격적인 일이었다.

선생님께서는 "돈이라는 것은 인생의 쓰임새로 잘 사용하라고 만들어진 것이니 아이들 교육비에 지출할 일이 많은 그대가 잘 사용했다가 후일 동일한 상황이 만들 어질 때 세상을 바꾸는 올바른 순환의 이음새가 되면 좋겠다"며 "아이들 잘 키우고 세상에 좋은 역할을 하는 사람으로 나누어야 하는 것을 확장시키는 삶을 살면 참 좋겠다"시며 전화를 끊으셨다.

나중에 알게 된 사실이지만 오래 전 사고로 아들을 잃어버린 상실감을 사람들과 도움을 나누는 삶을 살아내는 따뜻한 온도의 어른이었다. 선생님의 그 천만원이 나의 꿈을 발아시키고 성장시켜준 씨 간장 같은 것이었다는 것을 새삼 알게 되었다. 그 분 덕분에 나는 지나간 시절의 꿈을 기억해 내는 기적을 만났다.

누구나 꽃같은 화려함의 시간이 있고 또한 예견하지 못하는 어려운 시간을 만나기도 한다.

 기도와 염원의 출발은 행함이고 세상을 바꿀 수 있는 것은 사람의 마음이 가진 올바른 힘이다.

 나로부터 먼저 시작하는 작은 나눔이 주변을 행복하게 만들고 아름다운 세상을 만들어 준다. 조상들의 아름다운 나눔이었던 품앗이의 깊은 전통이 아직 세상에 많이 남아있음이며, 서로의 삶을 응원하고 함께 좋은 세상을 만들어야 하는 것 또한 세상에 보내진 우리의 목적이다.

 마음에 꽃씨 하나가 어떤이의 따뜻한 마음에서 걸어나와 나에게 선물처럼 왔다.

제 2 부
그럴 수 있지 뭐

- 나는 괜찮아지고 있는 중
- 강화도에서 생긴 일
- 기다려 주는 것도
- 백년 손님과 아들
- 택시 안에서
- 습아트를 만드는 응원군의 나라
- 프로필 사진을 찍으며
- 그럴 수 있지 뭐

나는 괜찮아지고 있는 중

 비가 내리는 날에는 맑은 날과 다른 생각이 확장되고 기분이 좋아진다. 하늘이 비를 뿌려주는 이유는 어쩌면 나무 등을 타고 잠들어 있는 슬픔들에게 길을 열어주려는 것은 아닐까 하는 생각이 든다.
 인생 안에 앉아있는 슬픔이 비가 내리는 날이면 잠에서 깨어나 걸음이 분주해지는 것을 보게 된다.

 나는 사람을 좋아했다. 낯선 사람도 낯설지 않은 사람도 그냥 좋았다. 함께 밥을 먹고 함께 수다를 떨고 계산하지 않은 채 사람을 좋아했다. 사람과의 인연이 아프기도 했고 가끔은 어지럽기도 했지만 사람을 포기할 수 없었던 것은 혼자인 시간이 가장 무서웠고 혼자서는 아무것도 할 수 없는 나를 나는 잘 알고 있기 때문이었다.

 혼자일 때는 밥을 아주 많이 먹었고, 하루종일 같은 영화를 계속 보았고 긴 잠을 자곤 했다. 누군가 말을 걸어오면 그때서야 비로소 잠에서 깨어나곤 했는데 혼자 노는 법을 몰라 말의 길이만 늘어났고 시도 때도 없이 중얼거리거나 누군가에게 말을 시킨 채 아이들은 남의 말은 듣지 않고 자기 말만 하는 엄마라며 가끔은 싫다는 표현을 하기도 했다.

죽음의 그림자만큼이나 어둡게 늘어진 시간을 지나다가 환상처럼 운명의 언어를 만났다.

"괜찮아, 괜찮아요"

우연히 만나게 된 이 짧은 한마디는 분명 누군가 사용했던 흔적이 있었는데 길을 잃은 모습이 아니라 정돈되어 있었다.

"괜찮아"를 가방 깊숙이 넣어두고 매일매일 만져보기 시작했다.

환하게 웃어주는 "괜찮아"는 커지고 있었고 빈 마음을 오가며 수를 놓아주었다. 짧은 언어를 만져보고 안아보고 두들겨보고 그 말과 살아내는 시간이 행복해지기 시작했다.

그래, 나는… 괜찮아지고 있는 중이야…

지독했던 외로움의 시간을 바꿔준 "괜찮아"는 마음의 세포를 돌아다니며 생각통을 흔들기 시작했고 흔들리는 생각통이 마음통 안으로 들어오면서 모든 것이 괜찮은 사람으로 변해가며 혼자 놀 수 있는 놀이터에 언어의 씨앗이 되어 주었다.

아름다운 것은 진정 아름다운 것은 늘 흔들림 속에서 자라난다. 그 의식의 확장은 눈물 속에서 커진다.

 바람이 불고 있다. 또 한송이의 고운 꽃을 피워내려는 자연이 추는 신나는 춤이다. 어느 결로 날아가 어떤이의 생각통을 흘러 마음 통에 고이 스며들기를 바래 본다.

강화도에서 생긴 일

 100년 만에 커다란 달을 볼 수 있다는 추석이라 하여 기왕이면 여행지에서 멋진 달을 보자며 선택한 곳이 강화도였다. 아이들은 여행에 관한 모든 준비를 자신들이 하겠다며 엄마는 아무것도 하지 않아도 된다고 했다. 일하는 틈틈이 고기며 야채 간식 등은 딸이 준비하고 돌아볼 여행지 코스를 짜는 일은 아들이 맡았다.

 아이들과 즐거웠던 추억이 있다는 이유로 강화를 여행지로 선택한 것이었고, 가족이 된지 1년이 되는 반려견 동반 여행이기에 장거리 보다는 근거리를 선택하게 되었다. 여행은 거리가 멀든 가깝든 서로의 마음을 나누는 것이기에 가장 아름다운 시간이 된다.

 바닷가 저녁노을을 보며 함께 걷는 시간마저도 황홀해지는 것은 여행이라는 프레임이 만들어 주는 고운 선물이다. 그래서 저녁 파티를 화려하게 열자며 신바람이 난 아이들과 짐 정리를 하면서야 우리가 숙소에서 먹을거리의 모든 재료를 담은 가방 하나를 집에 두고 온 것을 알게 되었다.

 딸아이가 1주일간 짬짬이 정성 들여 고기의 숙성기간과 야채의 신선함까지 계산해 준비한 모든 수고가 날아가 버리는 순간이었다. 그것도 딸아이가 준비한 여행짐을 들고나오려는데 아들이 말리면서 무거운 것은 남자가 드는 것이라며 먼저 나가 있으라고 했다는 것이다. 고기와 와인이 주는 맛있는 평화를 기대하며 가져온 칠레산 레드 와인 "떼루뇨 까르미네르" 2병이 무색해진 순간이었다.

 살면서 당황스러워지는 시간이 오면 아이들은 침묵하는 법을 안다. 마음이 불편해졌을 때 건네는 대화는 상대에게 상처가 될 수 있다는 것을 알게 된 아이들은 잠시 마음에 쉼 하는 시간을 갖는 법을 체득하게 됐다. 그것을 실천하며 살고 있는 중에 행복한 가족여행을 기대한 마음 안에 아이들의 불편함이 눕는다.

 펜션 밖 나들이 나온 가족들의 웃음소리에 눈치 없이 컹컹 짖어대는 반려견을 애꿎게 달래는데 묘책이 떠오른다. 우리 아파트 상가에 있는 퀵서비스에게 부탁을 해보면 되겠구나. 명절 전날이라 쉽지 않겠지만 기사를 알아보고 바로 전화를 하겠다던 퀵서비스 사장님에게서 전화가 오기까지의 10분이 왜 그리도 길고 지루하던지...

20분이 넘어서 낯선 번호로 걸려오는 전화는 다름 아닌 퀵 서비스 여직원이었고, 가족 여행을 갔는데 음식을 놓고 가다니 얼마나 당황스러웠냐며 막히더라도 잘 가져다 주겠다고 한다. 어떤 이의 상냥한 수고가 만들어 준 우리들의 저녁 파티는 성대해졌고 불편했을 마음을 잘 참아준 아이들과의 맛있는 시간은 화려해졌다.

여행이란 서로의 마음을 지켜주는 것이다.

기다려 주는 것도

 늦은 밤 딸의 방에서 울음소리가 들려옵니다. 무슨 일인지 문을 열어보니 침대가 들썩일 만큼이나 딸이 울고 있습니다. 엄마의 본능적인 촉수가 발동하기 시작합니다.

 결혼을 앞두고 있는 딸은 예비 사위와 영상 통화중이었고 영상 속 사위의 얼굴이 굳어있습니다. "딸 무슨 일이야?" 커다랗던 울음소리가 점점 작아집니다. "무슨 일인데 이렇게 울어?" 시계를 보니 자정이 넘어선 시간입니다.

 일하랴, 결혼 준비하랴, 너무 분주한 시간을 보내고 있는 딸은 그럼에도 불구하고 엄마가 뭐 도와줄까? 라고 물으면 "서른이 넘어서 결혼하는데 다 알아서 하는 거지, 엄마는 엄마 일에 집중해…"하며 늘 씩씩했는데 오늘 왜 이렇게 울음보가 터져 버린 것일까요?

 혹시 예비 사위랑 다툰 것은 아닐까? 하는 생각이 드는 순간 나는 마음을 다독이며 딸과 예비 사위를 믿고 기다려 보자는 마음이 듭니다. 다음 날 오후 딸에게 토닥토닥 "우리 이쁜 딸 힘내면 좋겠다"라고 보내주었습니다. 1분도 안

되어 답이 오네요.

"엄마 어제 내가 너무 심하게 울어서 걱정했지?
 미안해…"

"신혼집 리모델링이 예정보다 길어져서 속이 상했는데 시어머님께서 소개해 주신 분이라 화를 내지 못했는데, 다시 2주가 넘어야 한다고 연락이 와서 업자에게 화를 낼 수가 없고 출퇴근은 1시간 40분씩 하루에 3시간 20분을 해야 하니까 너무 답답해서… 결혼하기 전 나 혼자만의 생활을 해보려고 계획했던 것들이 다 어그러져서 어제 울었어. 근데 실컷 울고 나니 괜찮네."

"결혼을 앞둔 딸을 둔 엄마의 마음도 여러 가지로 복잡할 텐데 이유를 묻지 않아서 고마워. 엄마… 나를 늘 기다려줘서 너무 고마워.""그래, 그랬구나, 우리 딸 속이 많이 상했겠다."

 딸은 감정의 불편한 일이 생겼을 때는 대화를 잠시 쉬고 아이의 마음을 기다려주어야 하는 그런 아이였어요. 딸은 자기만의 방식으로 자신의 문제를 찾아내고 자신의 마음을 정리하는 그런 아이였고 자신이 문제를 어느 정도 해결하거나 출구를 찾아낸 다음에 이야기하는 그런 성향을 지닌 그런 아이였어요.

 기억을 따라가 보면 참으로 많은 일이 딸과 있었는데 좋은 기억이 소중한 추억이 너무 많습니다. 이별이라는 생각보다 새로운 인생의 길을 열고 멋지게 걸어가는 딸을 응원하며 엄마의 마음을 좋은 것으로 채우려고 노력중입니다.

 마음이라는 것은 좋은 것을 자꾸 채우고 담으면 그러면 그럴수록 커지고 넓어지는 신비로운 마법의 힘이 있기 때문입니다. 딸의 결혼을 기다리면서 엄마도 조금 성숙해지고 있음을 봅니다.

 오늘도 햇살이 참 좋습니다. 자연이 익어가는 고운 색채만큼이나 나의 마음도 잘 익어가기를 기도해 봅니다.

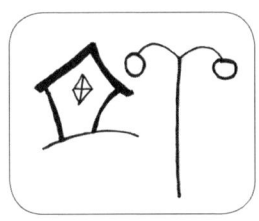

백 년 손님과 아들

 꿈을 꾼다는 것은 그 꿈을 이룰 수도 있지만 물거품이 되어 사라질지도 모를 가능성의 범위 안에서 춤을 추는 것이라고 생각한다.
 어른의 나이를 구분하는 행정기관과 다르게 나는 어른인지 아닌지 모를 스무 살의 나이에 마치 꿈을 꾸는 것처럼 결혼이라는 집에 들어가 복덩어리 셋을 만났다.

 나의 엄마가 주셨던 무한사랑을 복덩어리들에게 흉내 내며 엄마 놀이를 하는 시간은 마치 내 엄마가 옆에 있는 것처럼 좋았다. 엄마의 언어와 엄마의 표정을 컨닝하며 즐기는 엄마놀이의 시간에 나의 첫딸이 어른이 되었고 어느 날 결혼이라는 집에 들어가겠다는 소식을 전했을 때, 그 멋진 소식에 가슴이 떨렸다.

 딸아이가 인생의 동반자로 여기는 멋진 청년이 누구일까 너무 궁금했고 만나기로 한 날은 왜 그리도 더디게 오던지...
 딸이 반려자로 마음에 담은 청년을 만나기로 한 날, 맑은 하늘과 따뜻하게 불어주는 바람속에 설렘으로 가득

찬 시간을 지나 드디어 사랑하는 딸의 손을 다정히 잡고 나타난 멋진 청년의 얼굴을 마주하게 되었다.

 무슨 말을 어떻게 하면 좋을까? 살면서 타인과 어떤 대화를 하는 것에 어려움이 없다고 생각했던 나의 언어가 잠시 어려움을 겪는 시간이었다. 내 엄마도 당신이 그리도 사랑했던 딸이 데려온 사윗감을 만났을 때 나처럼 설레었을까? 엄마는 어떤 마음으로 밥상을 차리셨을까? 엄마가 차려낸 밥상이 평소와 다르게 고르지 않았던 양념의 의미가 이제야 이해가 되었다. 엄마도 나처럼 주체하기 어려웠던 흥분이 이런 거였구나 하는 생각이 들었다.

 인연은 하늘로부터 내려온다는 말이 있다. 오래전 우주로 돌아간 엄마의 사랑이 손녀에게 주는 고운 선물이 되었다. 주체할 수 없는 기쁨은 딸의 유년의 시간을 여행하며 엄마의 역할을 조금 더 잘했더라면 좋았을 걸 하는 부족했던 엄마 역할을 반성해본다.

 왜 사위를 백년손님이라는 이름으로 부르는 것일까?
 백년손님이란 영원한 손님이라는 뜻이란다. 소홀히 할 수 없는, 가족이 아닌, 혈족이 아닌, 타인의 단어가 백년손님이다.

 거꾸로 생각하기 좋아하는 나는 이렇게 해석의 범위를 설정해 두기로 한다. 나는 너를 백년손님이 아니라 아들로 마음에 담았으며 앞으로도 오랫동안 사랑하며, 응원하며, 서로의 기쁨이 되는 그런 삶을 행복하게 잘 채워보자고 말해 본다.

 고운 선물로 와준 두 번째 복덩어리 나의 사위 나의 아들아.

택시 안에서

 스케쥴 중에 예정에 없이 급하게 지방을 가야 하는 일이 생겨 예매한 고속버스의 시간이 넉넉하지 않아 택시를 타게 되었다. 택시의 방향이 습관적으로 운전하면서 다니던 길이 아닌 다른 방향으로 가는 것 같아 기사님께 미안하지만 그냥 직진을 해 주셨음 좋겠다는 말을 했더니 기사님께서는 당황해 하시면서 일부러 돌아가는 것이 아니고 막히지 않는 길로 가는 것 이라며 불편한 기색을 보였다.

 순간 그의 마음이 불편해진 것이 느껴져 편하게 가시라고 했음에도 불편함 가득 핸들을 움직이는 기사님에게 "하루면 수없이 오고 가는 타인들과의 하루가 참 많이 힘드시겠네요."라고 한마디 했는데 봇물 터지듯 나오는 그의 하소연들...

 35년 근무했던 일을 내려놓으니 허전함이 많아 아직은 일을 쉴 나이는 아닌 것 같아서 선택한 일이 택시 운전이라고 한다. 이 일 또한 만만하지 않은 이유가 하루면 수 많은 사람을 손님으로 만나는데 요즘 사람들은 화를 마음 가득 담고 사는 사람들이 너무 많아서 일을 하게 된 것이 6개월밖에 안 되었는데도 택시 운전을 계속해야 하는 것인지 그만두어야 하는 것인지 판단이 서지 않는다고 한다.

조금 전 탔던 손님도 20대 초반이었는데 딴에는 손님에게 "좋은 하루 보내"라고 인사를 하려는데 문이 부서져라 달고 가버리는데 너무 무안해지고 마음에 주눅이 들면서 자존감마져 하락했다며 울상을 짓는다.

얘기를 들어보니 초보 기사님의 입장이 이해가 되기도 한다. 새로운 일을 시작한 나이가 지공족(지하철을 공짜로 타는 나이 65세) 이라고 부르는 나이이다 보니, 그 나이를 사는 사람들은 잘 노는 것보다는 일 잘하는 것이 늘 몸에 배어있는 나이란다.

일만하고 살아온 그는 몸이 늙기 전 다시 새롭게 인생의 2막을 시작할 수 있었던 그의 용기를 응원해주면서 언어가 가진 마법을 이용하여 일을 한번 해보면 어떻겠냐는 제안을 해주었다.

손님에게서 나오는 언어로 마음이 상하기 전에 손님의 마음에 따뜻한 웃음을 줄 수 있는 문구나 손님의 하루를 응원해주는 멋진 말을 택시에 써놓고 운행해 보시면 좋겠다고 했더니 그는 너무나 기뻐하면서 당장 그렇게 하겠다고 한다.

우리는 서로의 언어에서 위로 받기도 하고 상처받기도

한다.

 말에도 길이 있다. 우리가 사용하는 언어가 기왕이면 축복의 온도를 지닌 것으로 사용하면 좋겠고 타인의 마음에 들어갔을 때 고운싹이 나는 그런 언어였으면 더 좋겠다.

 복을 받는 방법 중에 말이 주는 축복도 멋지고 아름답다. 택시를 내리면서 환하게 웃음으로 배웅해주는 기사님과 서로의 하루를 응원하는 언어를 주고받았다.

슴아트로 만드는 응원군의 나라

 숨차게 달려온 22년을 돌아보니 정말 숨이 차게도 너무나 많은 일들을 했습니다. 학창 시절의 기억에도 이렇게 열심히 무엇인가를 해 보았던 기억이 나지 않습니다. 꿈 언저리에 있던 일 중에 여러 가지가 이루어진 한해였습니다.

 이렇게 행복한 마음으로 일을 행복하게 할 수 있었던 이유를 곰곰이 생각해 보니 모든 것의 이루어진 원인이 사람이라는 생각이 듭니다. 언제부터인가 응원군이라는 표현을 아끼지 않고 사용하면서 살고 있습니다. 도움의 역할이 구체적이지 않아도 누군가 하는 일을 열심히 지지하고 그 일을 잘 해낼 수 있도록 마음을 다해 응원을 하다 보면 나의 마음이 먼저 뿌듯해지는 것을 알 수가 있습니다.

 세상은 점점 스마트라는 단어가 가득차 있습니다. 그럼에도 불구하고 우리는 나이를 더해가며 변화하는 세상의 구조를 이해하지 못하여 불편해지는 일들이 많이 생겨납니다. 사람의 도움으로 이루어졌던 많은 일들에서 이제는 감정과 마음이 전혀 없이 미리 짜놓은 프로그램을 따라 로봇이 사람을 돕는 시대가 되었습니다.

 또한 모든 것은 스마트폰 안에서 앱으로 실행해야 하는 시대로 전환되며 시대의 변화에 조금 늦은 사람들은 불편함이 이루 말할 수 없는 시대가 되어갑니다. 소위 실버세대라고 불리는 어른들이 살아내기에 만만하지 않은 시대가 되어가는 것도 사실입니다.

 스마트가 슴아트가 된다면 어떨까요?

 슴아트란 가슴으로 나누는 것을 말합니다. 우리는 마음이라는 강력한 무기가 있으니 불편함을 느끼는 누군가에게 마음과 마음을 더하여 슴아트를 만들어 주는 것입니다. 그렇게 우리 서로의 응원군이 되어보는 것은 어떨지....

 한 해를 보내며 함께 했던 많은 인연에게 감사하다는 마음이 듭니다. 사람이 곁에 있어 행복했고 사람이 곁에 있어 하고 싶은 일을 마음껏 해내는 소중한 시간들을 달려올 수 있었습니다. 응원군의 나라가 가득해지기를 소망해 보는 송구영신입니다.

 행복이란 우리가 함께 만드는 것입니다. 우리 서로 가진 마음의 질량을 덧대고 나누며 슴아트한 나라를 만드는 것입니다. 누군가의 꿈을 늘려주고 누군가의 꿈에 물을 주며 함께 같은 곳을 바라보고 그렇게 저렇게 잘 살아내는 우리가 되면 참 좋겠습니다.

 오늘도 당신의 삶을 힘차게 응원하겠습니다.

프로필 사진을 찍으며

 나이가 한 살이 더해지니 갑자기 프로필 사진을 찍어야 겠다는 마음이 들었습니다. 보정을 자연스럽게 해준 다는 사진관을 소개 받아 프로필 사진을 찍으러 갔습니다.

 마음과 다르게 어색함이 온 얼굴에 가득해지고 근육은 여기저기가 씰룩거리며 왼편 오른편을 오가며 웃음기를 가져가 버립니다. 연속으로 터지는 셔터음에 경련마저 일려는 기미가 보입니다. 타인의 사진을 담아주는 일은 행복한 일인데 나 자신의 사진을 찍는 일은 참으로 어렵다 는 생각을 해 봅니다.

 유명한 이름값 만큼이나 실력 좋은 직원들의 분주한 손놀림과 친절함으로 어색하게 카메라 앞에서 주춤거리던 나는 어디 가고, 제법 근사한 중년의 여유로운 미소를 지닌 나로 만족스러운 그림 속에 내가 앉아있습니다. 역시 돈이 좋기는 합니다. 좋은 기계가 만들어 준 나는 그럭저럭 괜찮아 보이기까지 합니다.

 이왕에 지갑을 연 김에 오늘은 살아온 나이만큼의 장미꽃 을 나에게 선물해 주었습니다. 잘 살아왔고 더 열심히 살아낼 나를 위한 위로의 선물이라 자조해 봅니다.

  누구의 딸에서 누구의 아내로 다시 누구의 엄마로 그렇게 살아온 자신에서 이제는 내 이름 세 글자로 잘 살아갈 나를 위해 오늘은 혼자만의 파티를 해봅니다. 아무도 부르지 않은 채 오롯하게 내 안의 나와 축제를 즐겨봅니다.

  미뤄왔던 사진을 찍으며 이렇게 많은 일을 합니다. 내가 가장 많이 이용하는 나만의 공간에 액자를 걸어두며 주문을 외워봅니다.

  지금의 삶의 질을 점수로 나타내 보라고 한다면 몇 점을 주면 좋을지...
  나는 나에게 90점 정도의 점수를 주고 싶습니다. 어릴 적 금상을 받아온 나에게 아낌없는 칭찬을 주셨던 부모님 덕분에 지금이 인생에서 가장 빛나는 날들이니까요.

  일상의 많은 일들에서 감사라는 단어가 으뜸으로 마음 안에 가득한 날들이기도 한 이유입니다. 행복한 현실주의자로 긍정의 노후를 만나고 싶은 소망을 가지고 있습니다.

  좋은 이야기가 만들어지는 좋은 노년을 위해 올해도 더 열심히 살아내야 하겠습니다. 아끼는 친구와 2박 3일 동안 휴식할 수 있는 여행을 봄이 오기 전 다녀오고 싶습니다.

  소녀가 되었다가, 엄마가 되었다가, 다시 내가 되어 돌아올 수 있는 먼 거리의 여행을 잘 준비하여 다녀 와야겠습니다.

그럴 수도 있지 뭐

 나이 쉰이 넘으면 친구가 제일 좋다. 거리낌 없어 좋고 수다에 육하원칙이 들어가지 않아도 되니 좋다. 1년에 한 번 쯤은 해외는 아니어도 제주섬이라도 다녀오자는 친구들의 제안을 기쁘게 받아들였다.

 언제나 여행지를 정하는 것도 코스와 먹거리를 준비하는 것도 모두가 늘 내 차지다. 잘해서 시키는 것이라며 혼자 자조를 한다. 예전에는 빨간색 지붕이 시원하게 열리는 차를 타고 싶었다. 마치 델마와 루이스처럼 바람의 언덕을 빨간 머플러를 휘날리며 달려보고 싶었다. 지붕이 열리는 차를 렌트 한다고 했더니 친구들의 반응이 너무 뜻밖이었다.

 쉰이 넘으면 뚜껑 없는 차는 절대 위험이라는 친구와 타보고 싶지만 이번 여행 말고 다음에 타 보자는 친구...
 그래 어떤 차를 타는 것보다 너희들과의 여행이 나는 좋다. 온통 피곤으로 가득한 여자 셋이 하루의 일정을 세우고 출발 했는데 렌터카에 경고등이 들어왔다.

렌터카 회사는 미안하다고 하면서도 2시간이 넘어서야 차를 바꾸어 주었다. 어차피 시작한 여행이니 이런들 어떠하고 저런들 즐겁다는 친구들과 갈대도 만나고, 웨딩드레스를 입고 사진도 찍어보는 카페를 방문해 드레스 안에 살을 정리해 넣어야 하는 우리는 웃음꽃이 터진다.

 숨 고르기처럼 던지는 친구의 한 마디. 쉰 하나에 만난 친구끼리 이렇게 이쁜 시간 보내는 것을 상상도 하지 못했던 사십대의 시간은 왜 그리도 너덜거렸을까? 여행지에서의 여자들의 단골 메뉴인 남편과 시댁의 관계 대명사는 빠질 수 없는 인생 휘파람이 된다.

 재래시장에서 똑같은 잠옷도 사고 먹거리를 사서 조금 일찍 숙소에 들어온 이유는 편안하게 저녁을 먹으며 잘 쉬어보자는 아름다운 계획이었는데, 늘 계획은 오차가 따라다닌다. 선잠을 자보자던 여자들 셋은 아침까지 긴 잠을 자고야 말았다. 그럴 수도 있지 뭐...

제 3 부
여름 이야기

- 한여름 밤 꿈의 축제
- Good Love
- 여름 이야기
- 폭염 속 엇갈린 약속
- 당신은 나의 친구입니다
- 풀씨 하나가 만들어 준 인연
- 93세의 레드카펫
- 브라보 마이 라이프

한여름 밤 꿈의 축제

어느 해 8월 말 쯤 이었다. 작렬하던 태양의 열기를 식히지 못해 밤까지 끌어안고 있던 한여름 밤. 우리 단체에서 꿈의 축제를 하기로 했다. 평균 나이가 40을 넘어선 우리들은 백 명도 넘는 인원이 공원에 모였고, 뜨겁게 달아오른 팔월의 마지막 밤에 에어컨도 선풍기도 없었지만 흥겨움 속에 축제가 시작되었다.

설렘 가득한 가면무도회였다. 포크댄스를 추며 붉은 와인을 따라 서로에게 축배를 건네었고 신나고 행복한 여름저녁 속으로 들어갔다. 춤을 잘 추지 못하는 나는 절대 몸치였지만 짧은 원피스에 맞춰 춤을 추었고 아무리 연습을 해도 한 박자씩 늦게 움직이는 춤 동작은 파티에 모인 모두를 즐겁게 해주었다.

나는 자조의 용기를 장전한 채 빨간 장미 백 송이를 파티에 참여한 모두에게 나누어 주었고 우리의 축제를 "한 여름밤의 꿈"이라 정하는데 모두가 동의했다.

그곳에 참여한 사람들은 자신의 미래에게 프로포즈를

하는 편지를 써서 커다란 항아리에 담아두는 것으로 축제를 마무리했다.

한여름 밤의 가면무도회는 즐거우면서도 많은 사람들의 마음을 위로해 준 소중한 꿈의 시간이 되었다.

그 중 나이가 가장 많이 들어 보이는 한 사람이 머쓱해하며 한 번 쯤은 이런 가면무도회를 상상해 본 적이 있으며 체면을 다 내려놓고 즐기고 싶은 생각이 있었다며 주책스럽지 않았냐고 물었다.

나는 나이는 숫자이고 인생은 진짜라는 대중 가요의 노랫말처럼 우리는 앞으로의 나이를 푸른살로 부르며 당당하고 멋지게 살자고 말해주었다. 당연히 꿈 항아리는 축제의 기획자였던 내가 보관 했고 앞으로도 오랜 시간 나는 그 때의 그들을 응원하며 지지하는 소통의 신호를 보내기로 마음먹었다.

지금 나는 사회복지법에서 정한 중년의 나이를 살고 있다. 중년이 되니 단점보다 장점이 훨씬 더 많다는 걸 알게 되었다. 가족이 늘고 나의 꿈이 더 늘어나는 것도 그렇다. 시간을 원하는 대로 디자인할 수도 있다는 것이 행복하고 날마다 마음을 스트레칭 해 주는 일이 생각보다 무척이나 재미가 있다는 것도 알게 되었다.

나이를 먹는다는 것은 마음 갑부가 되어가는 것이다. 그래서 나는 앞으로도 이 땅에 수 많은 푸른 살을 힘차게 응원하고 지지해 나갈 것이다.

Good Love

 탱고도 잘 추고 뮤지컬도 잘하는 키 크고 잘 생긴 남자가 있었다. 우리는 같은 합창단원이고 무대 공연을 준비하며 3개월씩이나 같은 공간에서 연습하고 있었는데, 서로의 삶이 분주하다는 이유로 개인적인 이야기를 할 시간이 없었다. 어느 날 그 남자는 자신에 관한 이야기를 하기 시작했다. 춤에 관하여 긴 수다를 늘어놓았고 그러던 중 여성 단원 하나가 왜 그렇게 밤낮 없이 열심히 사느냐고 질문을 했다.

 그리고 그 남자는 뜻밖의 대답을 해 주었다. 마흔 일곱 해를 사는 동안 삶에 지쳐본 적이 없는데 처음으로 삶에 지치고 원하지 않던 갱년기도 찾아와 무력해지는 마음이 자꾸 들었다며, 그런 나약해지는 감정에 지지 않으려고 더 화려한 옷을 입고 아무렇지 않은 척 살아보는 것이라고.

 "사실은 많이 힘들다"라는 말을 하며 마음에서 나오는 순수함으로 웃어본 적이 언제인지 자신의 웃음은 얼굴 근육 운동일 뿐이라고 한다.

듣고 있던 나는 큰 소리로 선생님은 마음에 참 많은 잘못을 한 듯 보이시니 먼저 마음에 진심어린 사과를 하심이 좋을 듯 보여집니다. 라고 했더니 순간 모두의 시선이 나를 향했다.

"마음아 긴 시간을 나와 함께 살아오면서 지치고 힘든 일도 많았는데 내가 먼저 알아주지 못해 미안하다고..." 해주시면 어떨까요?

 우리의 마음은 불편하거나 힘든 순간을 마음의 주인인 자신에게 끝없이 신호를 보내고 있는데 그 마음이 보내주는 신호를 알아차릴 수 있는 것이 바로 나 자신과 하는 대화이다.

 마흔 일곱 긴 시간 동안 마음을 데리고 살면서 한 번도 지치지 않았다고 하지만, 여러 번 신호를 보냈을 마음을 외면 했던 것은 아니었는지 물었는데 그는 마음과 대화를 한다는 것조차 생각해 본 적이 없다 한다.
 늘 타인과의 대화에만 집중하고 살았는지 모르겠다며 머쓱해 한다.

 우리 모두에게는 마음을 컨트롤할 수 있는 마스터키가 있다. 그럼에도 마스터키 사용법을 잘 모르기에 마음이 힘들거나 병들게 되면 이런 말을 한다.

 "내가 어떻게 살았는데......"

 "자식을 위해 평생을 희생하고 아내를 위해, 부모님을

위해 희생 했는데 나는 왜 이렇게 힘든 것일까? 내 인생은 어디로 날아가 버린 것일까?"
 나는 모든 것을 다 잘했고 탓은 오롯이 타인의 몫이 된다.

 좋은 사랑이란 내가 나에게 건네는 위로이어야 한다. 먼저 나를 사랑하고 내가 나를 열어주는 것에 비로소 마음과의 소통을 시작해 나로부터 시작된 행복이 주변을 향하여 흘러갈 수 있는 삶을 잘 살아내는 것, 그것을 나는 "좋은 사랑"이라고 정의하고 싶다.

여름 이야기

　해보지 않은 일을 도전한다는 것은 무모한 용기와 함께 실행이 따라주어야 한다. 어둡고 깊은밤을 아침이 올 때까지 함께 걸어보면 같이 걸었던 사람들의 기억이 평생을 간다는 이야기를 들었을 때 한 번은 꼭 해 봐야 겠다고 마음을 먹었었다.

　느닷없이 의지가 커질 때를 만나면 바로 그 때가 생각했던 어떤 일을 해봐야 하는 절묘한 타이밍이 된다.
　하루의 끝에서 출발해 다른 하루가 열리는 새벽을 만날 때까지 동행하며 걸어주는 사람들이 옆에 있다면 가슴 가득 선물같은 고마움이 될 것이다.

　그렇게 좋은 상상을 하며 우리는 25km를 걷는 것으로 출발을 시작했다. 서로의 이야기 보따리를 꺼내놓으며 우리들의 수다는 끝이 없었고 산티아고 순례길을 미리 연습하는 것 이라며 모두들 신나는 마음이 되었다.

　밤 9시 양평역을 출발한 우리는 길을 따라 자연에 몸을 맡기며 잠들지 않은 곤충들의 기침 소리도 들어보고 이슬이 내려앉으며 들풀에게 소곤거리는 소리도 만져보며 길섶에서 킁킁거리는 개들의 합창에 엘토음을 합치면서 함께 바람의 탱고가 이어지기도 했다.

 어느 길에서는 붉어진 산딸기도 만나며 자연은 순간순간 자신의 알리바이를 보여주는 듯 했고 놀지 않고 부지런히 일하고 있다는 것을 당당하게 말해주는 것 같았다.

 양평에서 양수리까지 새로운 이야기를 만들며 희망 한 톨 흩뿌려 놓은 채 토닥토닥 마음아 힘을 내주기를 부탁해 본다. 우리는 세상에서 위로라는 단어가 새삼 어렵다는 것을 알게 되었고 위로를 쉽게 하면 안된다는 것도 생각하게 되었다.

 여름밤이 유독 긴 이유는 인생의 수 많은 이야기들이 걸어 나오라는 것인지도 모른다. 인생에 사람들이 많은 이유는 서로서로를 위로하며 잘 살다 오라는 것인지도 모른다.

 새벽 3시가 넘어서야 우리들의 행진은 마무리가 되었고 새벽에 마시는 막걸리가 그리 달다는 것도 알게 되었다.
"산다는 일이 다 그렇지"가 아니라 우리는 끝없이 서로를 위로하고 끌어안으며 살아야 한다는 것에 만장일치의 합의를 본 행복한 여정이었다.

폭염 속 엇갈린 약속

　냉방을 잔뜩 해놓은 차 안, 계기판 온도가 37도를 넘어서는 오후 업무미팅을 위해 부평역 2번 출구에서 4시 30분에 사람을 태우기로 했다. 바로 마실 수 있는 얼음물을 준비해 10분 일찍 가서 기다리고 있는데 10분이 지나도록 오지를 않는다. 전화를 했더니 차도 있는 사람이 더운 날 사람을 땡볕에서 기다리게 하면 못쓴다면서 냉큼 달려오라고 한다.

　나는 이미 10분 전부터 2번 출구 앞에 있다는 말을 하고는 혹시나 다시 보아도 분명 2번 출구 앞인데 도착해 있다는 그는 보이지 않는다.

　앞에 할매순대국이 있다면서 할매순대국 앞으로 오라고 해서 보니 조금 떨어진 곳에 할매순대국이 보인다. 그러나 그는 보이지 않았다. 할매순대국 말고 또 뭐가 보이냐고 물으니 주차장이 보인다고 한다. '나도 주차장 앞인데…' 정말 환장할 노릇이었다.

　뜨거운 오후는 기울어져 가는데 그는 다시 옆에 부동산이 보인다며 부동산 전화번호를 내비게이션으로 찍어보라고 한다. 동일한 공간인 것 같은데 1.3킬로가 나오는 상황을 이해할 수 없지만, 차를 이동해 5분이 걸려 도착한 곳은 조금 전 출발했던 바로 그 자리였다.

 원점으로 돌아오니 스멀스멀 화가 올라오고 2번출구 라면서 왜 보이지 않는 것인지, 동일한 구간을 다섯 번씩 돌아도 그는 보이지 않고 폭염이 주는 불편함은 거세게 증폭되어 짜증이 차오르기 시작했다.

"아니지, 지금 더 불편한 사람은 내가 아니라 지열과 함께 서있는 상대방인데…" 생각하니 스멀스멀 올라오던 화가 자리를 잡지 못하고 스러져 버린다.

 우리는 생각하는 것이 원하는 대로 되지 않을 때 '화'라는 허상의 그림자를 만들어놓는다. 원하는 마음을 알아줄 때 마음은 생각을 안아줄 수 있는 평정심으로 커진다. 마음은 나의 생각이 만들어 놓은 화를 알아차릴 수 있는데 내가 나의 마음을 알아줄 때, '화'라고 생각했던 허상의 그림자는 없었던 것으로 돌아간다.

 다시 전화를 걸어 주변을 찍어달라고 했더니 보내온 사진 속 2번 출구는 내가 서 있는 2번 출구와 너무 다른 것이 아닌가?
 그제서야 부평역은 1호선 2번 출구와 인천지하철 2번 출구가 각각 다르게 있다는 것을 알게 되었다. 땡볕에서 당황해 하고 있을 상대에게 미안해지면서 무조건 내 생각만이 정확하다고 믿고 있던 오류에서 빠져나왔다.

온통 땀범벅이 되어 있는 그는 할매순대국 간판 아래 환하게 웃고있었다. ''에이 할매순대국은 왜 이렇게 많은거야" 애꿎은 할매순대국에게 소리를 지르는데 그가 한마디 한다.

"아따 만났으면 되었제. 숨바꼭질 하다 만나니 더 반갑구먼유."
 배도 고픈데 이열치열 하는 의미로다가 할매순대국이나 한 그릇씩 하십시다."

당신은 나의 친구입니다

 우리는 누구나가 인생에서 진정한 성공이라는 것이 과연 무엇인지를 생각하며 살아갈 것입니다. 성공에 대한 열망은 각 사람의 정의하는 바가 다르기 때문에 무엇이 진정한 성공이라고 말하기도 사실은 매우 어려운 문제이기도 합니다.

 얼마 전 우연히 아홉명이 떠난 베트남 여행에서 성공에 대한 해답에 가까이 가게 되었습니다. 우리 아홉명은 여행의 팀을 이루었고 이번 여행은 느닷없이 이루어진 것이 아니었고, 베트남 문인들에게 초대를 받아서 가게 된 여행이었는데 7시 15분에 인천공항을 출발한 우리 팀은 4시간 후 하이퐁 공항에 도착했습니다. 그 곳에서 깜짝 놀랄 풍경이 벌어졌는데요. 우리보다 더 많은 수의 사람들이 우리를 환영하기 위하여 꽃다발을 들고 활짝 웃고 있습니다.

 설렘 가득한 여행에서 환대까지 받으니 너무나 행복해 집니다. 그렇게 시작된 우리들의 여행에는 온통 웃음꽃으로 활짝 피어났습니다. 언어가 다른 사람들과의 교류가 꽃이 피기까지는 어느 한 사람의 20년에 걸친 엄청난 노력이 있었습니다. 작은 것을 나누고 마음을 나누며 맺어온 서로의 신뢰에는 문학이라는 이름의 씨앗이 마치 모죽처럼 오랜 기간을 자라 나온 것이었습니다.

 참으로 이상한 것은 이렇게 20년을 베트남을 오고 가며 사람과 사람의 따스한 관계를 만들어 놓은분은 정말 아이러니하게도 베트남어를 한마디도 못합니다. 저들과 나누는 문자를 보면 모든 내용을 번역기를 돌려서 해석을 하고 있습니다. 한국어만이 가지고 있는 고유한 표현법을 읽어내지 못하는 번역기로 인하여 가끔은 내용이 연결되지 않아 웃음보가 터지게 되기도 한다며 그는 큰 소리로 웃음 짓는다고 합니다.

 첫눈이 내렸다는 한국의 소식을 들으며 우리는 열대과일을 맛있게 먹었습니다. 하노이에서도 하롱베이에서도 그분들이 외치는 소리는 "당신은 나의 친구입니다" 였습니다.

 누군가에게 친구로 인정받는 것처럼 좋은 일이 있을까요? 선한 영향력이 주는 선물 같았습니다. 사람이 사람에게서 나오는 향을 인향이라고 부릅니다. 고운꽃의 향기가 천리를 간다고 하지요. 사람의 향기는 더 멀리 만리를 간다고 합니다. 어떤이의 사람을 향한 정성과 수고로움이 만들어준 선물을 받으며 마음이 가득히 차오름을 느낍니다.

 5일의 여정을 마친 시간에 하이퐁 공항에는 밤 2시가

다 되는 시간임에도 불구하고 우리를 배웅해 주려고 간식을 바리바리 싸들고 나온 그분들의 미소가 너무나 따뜻했습니다.
  친구는 이런 것인가 봅니다.

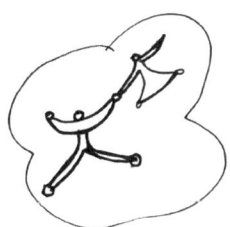

풀씨 하나가 만들어 준 인연

　한해의 끝자락으로 가다보니 사람의 인연에 대하여 많은 생각이 듭니다. 이렇게 많은 사람 중에 인연이 되어 함께 밥을 먹고 차를 마시며 많은 시간을 보내다보면 어느새 멀어져간 사람의 그림자가 보이기도 하고 여전히 옆자리를 지켜주는 사람도 있습니다. 온 마음을 다 줄 것처럼 그렇게 살갑게 굴다가 멀어져간 사람이 있는가 하면 자주 만나지 않아도 마음은 늘 옆자리에 있는 고마운 사람도 있습니다. 그래서 사람의 가장 아름다운 관계를 정의한 말이 '불가근불가원'이라는 말이 참으로 와닿기도 합니다.

　도종환 시인은 '인연'이라는 시에서 이렇게 표현을 했습니다.

　'너와 내가 떠도는 마음이 있을 때/ 풀씨 하나로 만나/ 뿌린 듯 꽃들을 이 들에 피웠다 / 아름답던 시절은 짧고 / 떠돌던 시절의 넓은 바람과 하늘 못 잊어 / 너 먼저 내 곁을 떠나기 시작했고 /나 또한 너 아닌 곳을 오래 헤매었다…'

아...떠돌던 마음이 있을 때 풀씨 하나로 만나 인연의 꽃을 피운다고 하네요.

우리가 살아가는 생의 이면에는 정말 눈물겨운 슬픔도 많고 어렵고 불편한 일들도 참으로 많이 일어나기도 합니다. 그럴 때 위로와 힘이 되어주는 것이 사람의 인연입니다. '괜찮아...'라고 건네는 따스한 말 한마디가 사람의 관계를 확장시켜 주기도 합니다.

어떤이가 베풀었던 선행이 때로는 어떤이 에게는 오해가 되기도 하여 사람의 관계를 흔들어 놓기도 합니다. 사람은 위태하거나 불편한 상황이 만들어졌을 때 먼저 자신을 방어하고자 하는 마음이 앞서는 이유입니다. 그럴 때 중요한 것이 옆에서 거드는 이들의 마음 온도입니다. 누군가를 향해 일방적인 편을 들어서는 안됩니다. 먼저 그 사람의 마음을 따뜻한 온도로 바라보아 주는 것이 필요합니다. 그래야 사람의 인연이 지켜질 수 있습니다.

지금껏 살아오면서 만났던 인연들이 모두가 좋을수는 없겠으나 지금부터의 사람 인연은 노력으로 충분히 만들어 갈 수가 있습니다. 사람의 언어를 마음으로 들어주는 것이 필요합니다. 왜냐하면 사람은 가끔 표현하는 일이 서툰 사람도 있습니다. 상대의 이야기를 감정으로 먼저 들을 수가 있기 때문이고 내 마음의 온도가 내려가 있을 때 어쩌면 오류의 해석을 할 수 있기 때문입니다.

지금 내 옆에 있는 사람의 존재를 귀하게 여길 수 있는 마음이 필요합니다. 인연 또한 하늘이 주신 고운 선물이기 때문입니다. 풀씨 하나로 만나 여기까지 오게 된 귀한 인연들을 지켜내는 것이 삶의 힘이니까요

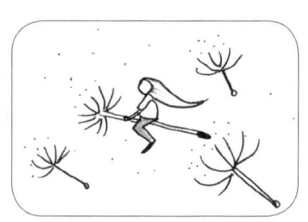

93세의 레드카펫

 구십 삼 세가 되신 어르신의 생일 축제를 기획하고 파티로 진행을 해주었다. 어르신이 평소 좋아하는 사람들 서른 두 명에게 일일이 정성껏 손 편지를 써서 초대를 하였는데 초대 받은 사람들은 가족은 물론 어르신과 일생을 함께 해 온 동무들과 지인들이었다.

 작은 소공연장을 빌려서 어르신의 젊은 시간부터 살아온 긴 시간을 전시해 놓고 레드카펫을 깔아드렸다. 휠체어를 탄 어르신은 마치 영화배우처럼 화사하고 아름다운 드레스를 입고 등장을 하였다.

 초대받은 손님 모두가 기립 박수를 치며 환호를 하고 레드카펫을 타고 들어오는 주인공은 비록 일어설 수는 없었지만 마음은 열여섯 살 젊음의 시간으로 건너가 춤을 추듯이 공연장에 웃음의 꽃씨를 가득 뿌려놓았다.

 공연장에는 잔잔한 음악이 흐르고 칠순이 넘은 큰 아들이 축제의 이야기를 낭독을 한다. 인연의 소중함에 대한 이야기부터 어머니가 품어주셨던 깊은 사랑의 온도를 보여주며 우렁차게 시작했던 목소리는 점점 여리게 길어진다.

　연이어 어떤 이가 어르신의 살아오신 일생을 마치 한 편의 시처럼 낭독을 한 후 서로를 향한 이야기가 시작이 되었다. 초대된 사람들과 어르신의 토크가 진행이 되었는데 긴 세월 함께 나누어온 생의 이야기들은 어느새 서로의 마음과 마음이 어우러진 고맙고 감사함의 여운이 되어갔다.

　그렇게 생의 긴 지점에서의 파티는 간절했고 따뜻했다. 그저 고맙다는 말이 서로의 마음에서 표현되고 서로에게 고마운 인연이었다는 것으로 짧은 파티는 끝났다.

　몇 개월이 흐른 후 어르신께서 이 땅의 소풍을 마치셨다는 소식을 들었다. 장례식장에는 어르신의 축제 이야기가 전해졌고 행복한 시간을 잘 채우고 가셨다는 것으로 자녀들의 위로는 가득했다고 한다.

　우리는 정해지지 않은 유한의 시간을 잘 살아야 한다. 먼저 자신에게 충만하도록 삶을 잘 채워야 하고, 모든 것은 나로부터 시작이 된다는 것을 알아야 한다. 나의 행복이 주변을 향하여 잘 흘러갈 수 있도록 찬란하고 눈이 부시게 푸르고 멋진 삶의 주인공으로 잘 살아내야 한다.

　어쩌면 우리는 이 땅에 초대받은 여행자이기도 하니 말이다.

브라보 마이 라이프

  좁은 골목길에서 자꾸만 진로를 방해하는 트럭이 있습니다. 빨리 좀 가주면 좋겠는데 마치 일부러 그러는 것처럼 느리게 느리게 운행을 하고 있습니다. 스멀스멀 불편한 마음이 일어나면서 한마디 해야지 하고 있는데 하필이면 우리 아파트 주차장에서 멈추어 섰습니다.

  트럭에서 내리는 분의 등에는 온통 땀으로 범벅이 되어 있습니다. 나이도 제법 많이 들어 보이는데 택배일을 하는 게 처음인지 왠지 그의 행동이 많이 서툴러 보입니다.

  가장의 무게가 그의 등을 타고 흐르는 땀에 배인 옷에서 머물러 있는 듯 무거워 보였습니다. 무엇인가 주고 싶은 마음에 주섬주섬 차 안을 살펴보았더니 어디선가 받아 놓은 피로 회복제가 눈에 띄네요.

  나도 모르게 그에게 건네주며 '힘내세요' 했더니 한사코 손사래를 저으며 괜찮다고 거절합니다. 마침 우리 집으로 온 택배도 보이기에 부담갖지 마시고 드시면 좋겠다고 억지로 주머니에 넣어주었습니다.

가장의 자리는 가장자리라는 말을 들었던 기억이 납니다. 가장은 무거운 자리이기에 가장이 되면 얼굴도 못생겨진다면서 산다는 일이 참으로 어렵다는 것에 많은 위로를 해달라고 했던 어느 가장의 말이 떠오르는 저녁이었습니다.

 단 한 번밖에 살지 못하는 우리들의 인생은 여러 번 이름표를 바꿔가며 살아내야 합니다. 한 생에서 우리는 정말 많은 위로가 필요한 것 같기도 합니다. 백세 시대를 살아야 하는 지금의 세대는 가장의 시간이 지나면 자녀들이 떠난 나머지 시간을 다시 또 살아내야 하는 책임감과 황혼의 시간을 살아야 하는 두 번째 책임의 시간이 옵니다.

 인생사용 설명서를 한 번 더 만들어야 하고 건강을 체크하며 해야 할 일을 만들어야 하고 멋지게 인생의 브라보를 외치며 자신을 위로하고 챙겨야 하는 셀프 인생을 잘 살아내야 하는 것 입니다.

 '브라보 마이라이프' 처럼 중년의 성장기를 잘 살아내야 하겠습니다.
 이 땅의 수 많은 가장들에게 위로를 전합니다. 인생을 즐길 수 있는 마음의 여백을 조금만이라도 가지고 살면 좋겠습니다.

제 4 부
모든 것의
모든 것이 되어

위태함이 보내주는 신호
모든 것의 모든 것이 되어
과제
사람의 마음씨 안에는 모든 것이 가득해
말 한마디가 천냥 빚을 갚아줄까
생각에서 생각으로 건너가는 법
여자의 동지는 바로 여자이니까
공감은 선물이고 소통은 숙제다
우리가 사랑하려는 것은

위태함이 보내주는 신호

 4년 전 오랜 시간을 몸 담아 온 일터를 정리해야 하는 일이 생겼습니다. 살다보면 가끔 의도하지 않은 일을 만나기도 하지만 15년을 몸담아 온 일터를 정리하는 것은 의외로 그 불편함이 큽니다.

 엄마라는 이름표를 떼고 내 이름을 찾아준 곳에서의 15년은 상상을 넘어서는 발전을 이루어준 곳이었기에 그 상실감은 매우 컸습니다. 지천명이 되어가는 나이에 깊은 고민을 할 수밖에 없는 처지가 되고 보니 참으로 난감하기가 이를 데 없어 마음은 어둡게 가라앉았습니다.

 무슨 방법으로 이 깊은 상심에서 걸어 나올 수 있을까?
 마음의 풍랑은 통장을 확인해 보게 되고 아이들이 다 자라 준 덕분에 3개월은 쉬어도 되겠다는 자축의 위로를 하며 무작정 짐을 꾸렸습니다.

 오래전부터 버킷리스트에 있던 붉은 모래 사막은 아니어도 여기서라도 혼자만의 여행을 떠나 한 번도 가보지 않은 곳에 찾아가기로 결심했습니다. 그렇게 정해진 여행지가 남해였는데 정하지 않고 가는 여행이 볼거리도 더 많다는 것을 알기에 아무런 계획도 세우지 않고 떠났습니다.

 4시간을 넘게 달려 남해에 도착해보니 피곤이 밀려와 숙소를 먼저 잡았습니다. 무심코 열어본 냉장고 안에 있던 맥주가 어찌나 반갑던지 혼자 마시는 술이 이렇게 맛있었는지 하며 안주가 신통치 않아도 세상 부러울 게 없는 무아지경이 되어 자축의 시간을 가졌습니다. 그렇게 호텔에서 혼자 삼일을 자다 깨다 하며 아무것도 하지 않은 채 보냈습니다.

 읽어보려고 가지고 갔던 책은 단 한 장도 열지 않은 채 먹고 자는 일에 온몸을 맡긴 편안한 여행자가 되어버린 나는 마음이 평안해진 지점에서야 비로소 구겨진 마음을 꺼내어 한 장 한 장 읽어봅니다.

 숨고를 사이 없이 15년을 분주하게 달렸던 자신을 토닥여주며 어느 페이지에서는 온통 상처로 서럽게 울고 있는 나를 또 안아줍니다. 마지막 장에서는 잘해온 나를, 수고한 나를, 더 잘살아 갈 나를 위로하며 여행의 날을 보냈습니다.

 이러한 나만의 여행은 탄력을 받았고 두 번째 인생에서 만나게 된 지금의 일을 열심히 할 수 있는 원동력이 되었습니다. 지나간 시간도 괜찮았던 기억으로 남아 있지만 직업을 바꾸고 4년 동안 나는 행복한 성장을 하고 있다는 마음이 들어 뿌듯합니다.

처음 15년간의 일터는 어쩌면 뿌리가 되어주었고 모죽의 열매가 세상으로 나오게 해 주었구나 생각을 하며 웃음을 지어봅니다.

분주한 일들이 많아서 가끔은 정신을 가다듬어야 할 때도 있지만 그럼에도 불구하고 지금 이 시간들이 참 좋습니다.

살다가 의도하지 않은 일을 만나게 되는 것은 인생이 파란만장해서 그런 것이 아니라 새로운 삶의 길을 바꾸어 보라고 알려주는 인생의 신호입니다.

삶의 진정한 여행자는 내 안에 있는 나와 잘 걸어가는 것입니다.

모든 것의 모든 것이 되어

 어릴 적 잠에서 깨어나 방문을 열고 마주하는 시골의 처음 풍경은 온통 꽃이었다. 전기도 들어오지 않아 문화적인 삶이 무엇인지 생각할 수도 없었던, 어찌보면 척박한 환경의 삶에서 엄마는 고운 것을 보며 자라야 고운 사람이 된다며 작은 텃밭에 수 많은 꽃을 심어 온통 꽃의 풍경을 만들어주시곤 했다.

 계절마다 색다른 꽃들이 보여주는 향연은 향기로웠고 유년의 날들은 엄마의 정으로 가득 채워졌다. 누군가 꿈을 물으면 그때마다 주저없이 튀어나오는 나의 대답은 작가였다.

 공부도 잘 하지 못했고 많은 책을 읽거나 글짓기, 백일장 등에서 상을 받아본 적도 없으면서 어쩌면 상상으로의 꿈일 수 밖에 없는 그런 이야기가 내 안에서 쏟아져나왔다.

 전교 일등을 하던 오빠의 공부상 너머에 꽂혀 있던 책들을 몰래 읽으면서 막연한 꿈을 꾸고 있었다.
 가난한 농부의 아들로 태어나 전교 1등을 하던 오빠는

자기 사업을 하지 않고 급여 소득자 임에도 불구하고 부동산이며 주식이며 재테크에 탁월한 능력을 가지고 있었다.

젊을 때부터 실패라는 것을 해 본 적 없이 육십이 넘은 지금 나이까지도 잘 살고 있다. 자녀 교육에도 열심이었기에 세 명의 조카들은 모두 좋은 대학을 나와 지금은 자신들이 만족하는 직장에 다니고 있다.

부잣집 외동아들로 태어나 늘 좋은 환경속에 살면서 학창 시절 친구들에게 영웅이었던 어떤이는 대학 졸업 후 사업을 하며 승승장구며 잘 나가던 삶을 살다가 어느 날 쓰디쓴 실패를 만났고 삶을 회복하는 시간이 너무도 길었다고 한다.

우리 생에서 영광의 날들은 너무나 짧은데 고통의 시간은 한 번의 생이 아닌 것처럼 길고 지루하다고 하며 실패의 기억으로 인한 불안함이 잠결에도 찾아온다고 한다.

우리 모두는 알 수 없는 생을 살고 있으며 인생이란 것은 편집기로 돌릴수도 없다. 마치 한 권의 책을 정성스럽게 만드는 것처럼 한날 한날을 정성스럽게 만들어야 한다.

우리는 모두 스스로 작가가 되어 자신의 인생을 써나가며 산다. 어느 교수님께서 작가는 모든 것의 모든 것이 되어야 한다는 말씀을 하셨던 것처럼 우리 모두가 한 권의 책으로 살아가며 사람의 고운 꽃을 피워내는 것이다.

과 제

 지난 며칠이 복잡하고 어려웠습니다. 잘 버텨낸 나에게 위로의 선물을 주고 싶어 집 근처에 소문난 빵집으로 향했습니다. 오전이면 샌드위치가 다 팔려버리는데 양손 가득 샌드위치와 커피를 샀습니다.

 분위기 있는 아침 브런치를 즐겨보겠다는 마음으로 서둘러 운전을 하다가 양방향으로는 서로의 통행이 어려운 좁은길을 만났습니다. 제 뒤로 차들이 끝없이 이어져 오는 것을 보며 대장이라도 된 듯 콧노래를 부르고 있는데 패지를 담은 리어카를 끌며 급하게 다가오는 어르신이 보였습니다.

"길이 너무 좁은데 잠시만 기다려 주시지…"

 순간 당황스러움에 비상등을 켜고 브레이크를 밟았습니다. 퍽 하는 큰 소리에 차에서 내려보니 그 짧은 찰나에 차의 타이어가 심하게 찢어졌고 리어카는 멀쩡한데 어르신은 삿대질과 고성을 지르시며 차 두 대가 지나가도 될 것인데 그 따위로 밖에 운전을 못 하냐고 화를 냈습니다.

어르신이 다치지 않아 정말 다행이다 생각하며 주저앉은 차를 옮겨놓고 보니 어르신이 온데 간데 없었습니다. 그리도 큰소리를 치시더니 어디로 가버린 걸까? 의아했습니다.

오랜 시간 운전하면서 이렇게 타이어가 심하게 찢어진 경험도 없었기에 그저 어이가 없었습니다. 보험사 직원이 나오고 블랙박스 영상을 확인해보니 그 어르신께서 일부러 부딪치셨다고 하면서 찢어진 타이어는 교체해야 한다고 합니다.

경찰에 사고 신고를 하면 근처 CCTV를 볼 수가 있으니 그렇게 진행하겠냐고 묻는 보험사 직원에게 타이어만 교환할 수 있도록 견인해 달라고 했습니다.

행복한 오전 브런치를 즐기겠다는 소망은 사라지고 견인차를 타고 타이어 수리점으로 이동했습니다. 타이어 가게 젊은 점장님의 고객을 응대하는 태도가 마음에 듭니다. 상투적인 태도가 아니라 사람의 마음을 따뜻하게 하는 점장님의 언어가 마음에 쏙 들어옵니다.

"강아지를 키우시나 봐요?"

"어떻게 아셨어요?"

"차에 강아지 물건을 보고 그러시는 것 같아서 차량 내

스팀 소독해 드렸습니다."

　타인을 향한 배려를 할 줄 아는 마음에서 나오는 미소가 좋아 보였습니다. 이사온 지 얼마 되지 않았기에 편하게 다닐 수 있는 자동차 수리점을 알아 두어야 하는 것도 삶의 터를 바꾸고 나서 할 일 중 하나였는데 좋은 사람을 만나고 싶었던 것에 대한 어르신이 주는 선물이라고 위로를 해 봅니다.

　세상에서 가장 어려운 일은 다른 사람의 마음에 들어가는 것입니다.
　타인의 마음에 어떤 우주가 숨어있는지 알 수는 없지만 내가 먼저 그 어려운 일을 잘 해내며 행복하게 만들어 내도록 노력해야겠습니다.

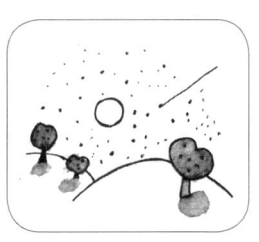

사람의 마음씨 안에는 모든 것이 가득해

밥보다 막걸리를 더 좋아하시는 쉰 살의 아버지와 술을 싫어하시는 마흔의 어머니는 그날 밤 어떤 이유에서인지 막걸리를 진하게 나누어 드셨고 열 달이 지난 후 봄은 왈츠처럼 피어나 쉰둥이의 내가 태어났다. 부모님의 사랑은 절대적이었고 야단 한번 맞지 않고 나는 학교에 입학을 하게 되었다.

오빠가 학교에 다니는 걸 보니 재미있어 보여서 부모님을 조르고 졸라 일곱 살에 학교에 들어갔으나 오빠에게서 보던 학교와 내가 마주 앉은 학교는 너무 달랐다.

공부는 재미 없었고 매일 아침 학교에 가야 한다는 사실도 싫었고 2학년의 봄은 나를 심하게 흔들었다.

산길을 한 시간 넘게 걸어야 학교가 나오는데 8살이었던 아이에게 시작된 봄은 온 천지가 연둣빛 물결이었다.
나무들 사이 삐죽이 입술을 내미는 작고 여린 잎들을 보며 종일 놀다가 아무일도 없던 것처럼 동산에서 집으로, 집에서 동산으로 오고 가며 삼 일을 신나게도 놀았다.

학교는 결석한 채 이튿날부터는 도시락을 까먹는 여유마저 생겼고 혼자서 신나게 잘도 놀았는데 담임선생님의 연락으로 부모님에게 무단 결석이 알려지게 되었다.

 집에 도착했을 때 엄마는 다른 날보다 더 다정한 목소리로 내게 물었다. 학교에서 연락이 왔는데 삼일이나 무단으로 학교를 나오지 않았다고 하는데 어찌 된 이유인지 말해 달라는 것이다.

 학교 공부는 재미 없는데 여리게 피어나는 나뭇잎이 예뻐서 나무와 노느라고 학교 가는일을 까먹고 그랬다는 고백을 솔직하게 했다.
 잠잠히 듣고 있던 엄마는 나를 꼭 안아주시었다.

 "그랬구나. 우리 정인이가 나무를 좋아하는구나. 여린 나무에서 나오는 이쁜 싹을 엄마도 좋아한단다. 이쁜 것은 이쁜 것을 볼 수 있는 사람에게 이쁨을 받는 것은 당연한 일이란다.

 ''그런데 아가야, 너도 나에게 어린 나무란다."

 나는 성장하면서 엄마에게 야단을 맞은 기억이 없다. 늘 아낌없는 칭찬만 하셨는데 그 시절 배움이라고는 초등학교도 나오지 못해 자음과 모음도 모르던 엄마가 사용하던 언어의 온도는 따뜻했다..

 살면서 가끔은 엄마를 흉내내 보기도 하는데 잘 되지 않아 어려움을 느낄 때가 많다.

　쉰이 넘어 직업을 바꾼 나는 사람과 사람의 마음 소통 관련된 일을 한다. 사람이 보여주는 언어를 잘 들어주는 것과 그가 펄럭이며 움직이는 마음을 바라봐 주는 것, 그것을 하고 있다.

　사람의 마음씨 안에는 모든 것이 가득하니 말이다.

말 한마디가 천 냥 빚을 갚아줄까?

 매일 일상을 나누는 친구가 있습니다. 작은 안부 부터 살아가는 여러가지를 함께 나누는데 사업장을 경영하는 친구는 종종 직원들의 크고 작은 불협화음으로 인하여 힘들어합니다.

 며칠 전에도 우리의 대화는 직원에 대한 불편한 마음으로 시작되었습니다. 친구의 목소리는 격앙되고 흥분돼 보였습니다. 늘 불편함을 만드는 직원에게 본인은 사장으로서 할 수 있는만큼 했다고 생각하는데 직원은 또 불편한 일을 만들었고 아무도 그를 통제하지 못해 여러 직원이 불편한 상황이 되었으니 직원들은 사장인 친구가 그 직원을 야단쳐주기를 바란다는…

 본인으로 인해 사람들이 불편해 한다는 것을 어떻게 알게 해 줘야 하는 것인지를 고민하는 친구의 불편함이 느껴집니다.

" 그래, 그렇겠구나. 사람 경영을 한다는 것이 여간 어려운 것이 아닌 게로구나."

산다는 것이 눈물겹게 힘들다는 것을 느끼며 친구의 마음을 토닥토닥 위로해 줍니다. 사업장 경영하랴 딸들 키우랴 남편에게 잘하랴, 작은 키로 늘 종종거리며 잘 살아내는 내 친구의 삶을 위로한다. 불편한 마음을 있는 그대로 들어주고 짧은 위로 한마디를 했을 뿐인데 가라앉은 친구의 목소리는 이렇게 말을 합니다.

"야단을 쳐야지"하는 순간 너의 위로가 마음으로 느껴졌고 그 위로가 전달되는 동시에 직원의 힘듦이 느껴지고 있어. 마흔이 훨씬 넘었는데 아직 결혼도 못 했고 모은 돈도 없으니 얼마나 지치고 힘들면 그랬을까?"

그 직원에게는 질책이 아니라 사장의 위로가 필요한 것임을 알게 되었다고 말하면서 웃는 친구에게는 편안한 웃음이 배어 나오고 있었습니다. 마음을 알아주고 위로로 다가가는 것으로 친구의 마음이 직원보다 먼저 편해진 것이지요.

말 한마디가 천 냥 빚을 갚는다는 말이 있습니다.
진심에서 우러나오는 따뜻한 말 한마디는 사람의 마음을 바꾸어놓고 마음은 사람의 일생을 바꾸는 놀라운 마법의 힘을 가지고 있습니다.

꽃이 되는 말이 있는가 하면 가시가 되는 말이 있습니다.
내가 듣고 싶은 말이 상대도 나에게서 듣고 싶은 말입니다. 나에게 상처가 되는 말이 상대에게도 상처가 되는 말입니다.

생각에서 생각으로 건너가는 법

 사람에게는 생각이라는 결정체가 부유물처럼 떠다니며 사람과 사람 사이의 간극을 멀어지게도 가까워지게도 한다. 나의 생각이 타인의 마음과 다르다는 것과 너의 생각이 나의 마음과 다르다는 것을 인정할 때 소통을 위한 진정한 노력을 할 수 있지 않을까 생각해 본다.

 사람의 마음은 생각보다 깊고 오묘함을 지니고 있다. 마음은 내가 원하는 방향을 안다. 그런데 생각이라는 이 물질이 들어와 방해를 할 때 그것을 알아차리는 일은 사실 어렵지 않아서 소통을 방해하는 생각을 멈출 수 있다.

 어떤 날은 아무 생각도 하지 않은 채 마음을 바라봐야 할 때가 있는데 타인에게 불편해지는 감정이 드는 바로 그 때이다. 우리는 서로 다르다는 감정의 충돌이 생길 때 나를 가장 기울어지게 하는 것이 생각이라는 것을 알아야 한다. 생각은 틈을 만들어 불편함을 증폭시키려는 습성이 있어 생각이 기울어질수록 평정심은 마음에서 가라앉고 만다.

 내가 상대에게 불편함을 느낄 때 이미 상대도 그것을 알 고 있기 때문이다. 사람에게는 오감이라는 촉수의 예민함이 있어 서로의 온도에서 쉽게 들켜버리는 것이다. 그럼에도 불구하고 우리는 체면이라는 가면을 쓰고 마치 나의 마음을 상대가 모르는 것일 거라 착각하며, 불편한 마음의 뿌리에서 올라오는 감정을 그저 헛웃음으로 상대를 대하는 실수를 범한다.

 소통은 나를 알아가며 내 안에서 자라나는 마음 세포를 잘 키워내자는 것이다. 몸에는 근육이 있어서 나를 지켜 내는 것처럼 마음에도 나를 지켜주는 마음 근육이 있다. 평정심을 조율하며 살아가는 사람은 마음의 근육이 단단해져 가는 것을 스스로 잘 알게 된다. 인생이 흔들리지 않고 살아갈 수 있는 힘이 바로 마음 근육이 주는 힘이다.

 생각에서 마음으로 가는 바로미터를 알면 인간 관계는 조금 성숙해지지 않을까? 상대가 불편해 지려는 순간에 나의 마음을 먼저 살펴보려는 노력 이것을 마음이 지닌 힘이라고 정의할 수 있으며 우리 모두는 그것을 할 수 있는 힘을 갖추고 있다.

 내가 나를 모르면 후진국이고 나만 알면 중진국이고 남도 알면 선진국이라는 말을 어느 글에서 읽은 적이 있다. 많은 공감이 가는 글이었기에 메모해 놓고 가끔 들여다보며 나를 알고 남을 알 수 있는 지혜를 구해본다.

 행복한 여행자가 되기 위한 나의 마음은 안녕한지 잘 살펴볼 일이고 내 마음을 잘 다듬어야 하는 이유이다. 소통이란 언어의 기술은 우리들의 비밀기호 이니까.

여자의 동지는 바로 여자이니까

 결혼한 딸에게서 전화가 왔다.
 주말에 데이트를 하자 해서 무조건 좋다고 대답해 주었다. 그런데 데이트에 초대할 사람이 한 명 더 있다는 것이다. 누구냐고 물었더니 시어머니이라 한다.

 안그래도 안부가 궁금하던 차에 잘 됐다 싶었다. 딸은 친구들에게 이런 조합으로 1일 데이트를 한다고 했더니, ''뭐하러 스트레스를 일부러 만드냐''며 일 만들지 말라고 했다 한다. 딸은 친구에게 소중하게 길러주신 양쪽 어머니들께 행복한 시간을 선물해 주고 싶어서 마련하는 자리라고 말을 해주었다고 한다.

 우린 무슨 인연이기에 이렇듯 세상에서 가장 아끼고 사랑하는 자식을 통하여 인연이 되었을까?
 사돈과의 하루는 꽃다발 만드는 원데이 클래스 즐기기였다. 손으로 만드는 것에 전혀 소질이 없는 나였기에 긴장감이 생기기도 했지만, 친절한 선생님이 준비해 주신 고급스러운 재료 덕분에 재미있게 꽃다발 만들었고 제법 근사한 꽃다발이 완성되었다.

결혼이란 시간도 이렇게 꽃을 한 송이 한 송이 모아 완성을 해 가듯 조금씩 완성해 가는 시간이다. 꽃을 손질하다가 간혹 장미 가시에 찔리기도 하지만 결국은 꽃다발을 아름답게 완성시켜 주는 일등 재료이기도 하니 말이다.

오후 시간을 함께 보내며 사돈은 연신 딸에게 "엄마가 해 줄게" "엄마는 이렇게 생각해"라며 말을 할 때마다 꼭 엄마라는 표현을 했다. 아이들 결혼식이 끝나고 사돈은 두 번째 엄마가 되어주겠다는 말을 했었다. 사돈이 표현하는 '엄마'라는 단어가 마음에 따뜻하게 와닿는 시간이었다.

사돈은 구순이 넘어 치매에 걸린 시어머니의 병간호를 하고 있다고 한다. 시어머니의 젊은날의 모습은 늘 단아하고 아름다웠음에도 불구하고 치매가 찾아오니 바로 눈앞에 있는 현상만 이해하고 기억한다는 것이다.

아들 며느리와 셋이서 차를 마시다가 누구 한 명이 그 자리를 빠져나가도 바로 전 함께 한 사람의 존재를 기억하지 못한다는 것이다. 우리는 누군가의 딸이었다가, 누군가의 며느리였다가, 누군가의 시어머니가 되는 역할을 하며 순환의 이음새가 된다.

이렇게 서로의 역할을 바꾸어가며 가계도가 채워지고 이름에도 변화가 일어난다. 서로의 이름에 걸맞은 마음의 질량을 가지고 있어야 인생에 존재하는 총량의 법칙처럼 사랑도 우리가 받았던 질량에서 조금 더 채워져 누군가에게 또 이어진다.

여자의 적은 여자라는 진부하고 오래된 말이 더는 고부간의 갈등이나 경쟁심에 사용되지 않도록, 언어의 길을 새롭게 바꿔주어야 한다.

 여자의 동지는 바로 여자이니까.

공감은 선물이고 소통은 숙제다

 나를 중심으로 우리는 가족, 친구, 지인, 이웃, 친척 등 사람과 사람의 관계 속에서 매일 이야기를 만들며 살아간다. 어떤 날은 수평으로 마주 보고, 어떤날은 수직으로 마주 보며 감정과 마음을 씨줄과 날줄로 엮어내는 가까운 관계로 살아간다.

 지금 우리가 사는 시대가 문화혁명의 시대이다 보니 혈통으로 만들어진 가족보다는 다양한 모임을 통하여 연결된 인맥의 네트워크가 점점 커지는 세상에서 때로는 원하지 않는 불편함을 만나기도 한다.

 나는 나를 객관화하고 그는 그를 객관화하자는 것인데, 결국 개인은 객관화된 감정보다는 주관화된 편견이라는 옷이 훨씬 두껍다. 그럼에도 불구하고 우리는 상대를 불평하기를 마다하지 않는 오류를 범할 때가 아주 많다. 인생을 단 한 번이자 처음 살아보는 우리는 사람의 관계나 소통에 많은 실수와 서투름이 당연한 것은 아닐까 라는 생각을 해 본다.

 사람의 관계에서 우리는 '너 때문에'를 자주 입에 달고 산다. 너 때문에 싫은 것이고 너 때문에 짜증 나는 것이고 너 때문에 화가 난다는 불편한 진실을 속옷처럼 입고 산다.

정답은 어디에도 누구에게도 없다.

결국은 내 마음 통이 조율되어야만 공감과 소통이라는 다리를 건널 수가 있는 것이다. 나를 매너 있게 하고 나를 지켜내는 힘은 보이지 않는 마음 안에 다 있다. 관계를 만들어내는 지혜와 행복을 채워주는 주재료가 마음이고 부재료는 태도와 경험이다.
공감은 상대를 인정하고 배려하는 아름다운 태도이며 소통은 상대와 내가 다르다는 것을 인정하는 큰 문이다.

문이 열려야 살 수 있는 것 아닌가?

일부가 보여지는 것이 전부일 수 없고 마음의 모든 것을 보여줄 수 없으니 배려라는 다리가 있어야 건강한 이해의 관계 대명사에게로 건너갈 수가 있다.

누군가 나를 이해할 때 편안함을 느끼는 것처럼 그도, 그녀도 내가 이해하고 공감해줄 때 소통이라는 다리를 건너 나에게 행복하게 올 수 있다는 것을 우리는 인정해야 한다.

공감은 선물이고 소통은 반드시 풀어내야 하는 나와 그대의 숙제다.

우리가 사랑하려는 것은

　아이들 셋을 키우다 보니 층간 소음으로 인한 불편함이 한 두 번이 아니었다. 하필이면 우리 집 바로 아래층 어르신은 몸이 많이 불편 하시고 예민하기까지 해서 일주일이면 여러번씩 올라오셔서는 잠을 못 주무시겠다고 제발 어떻게 좀 해달라고 하며 통사정하고 내려가신다.

　엄마의 불편한 마음을 알지 못하는 아이들은 무럭무럭 잘 자라고 있는데, 아이들의 움직임을 묶어놓을 수도 없고 참으로 난감하기가 이를데 없었다. 궁여지책으로 과일이며 먹을것을 사다 드리기라도 하면 부담된다시며 문도 열어보지 않는 어르신들이 어떤 날은 원망스럽기까지 했다.

　''하필이면 이렇게 인연이 될게 뭐람...'' 속이 상한 마음으로 혼자서 중얼거리다가도 깔깔깔 마치 세상을 다 가진 것처럼 웃으며 행복하게 노는 아이들을 보면 어느새 마음이 봄이 되곤 했다. 그런 세월이 훌쩍 흘러가 천방지축이었던 아이들은 저마다의 자리를 지키며 잘 살아내는 어른이 되었다.

각자의 원하는 삶의 방향으로 출구를 정한 채 용기있게 걸어가고 있다.

얼마 전 아는 지인과 통화를 하다가 그 분도 층간 소음으로 인한 불편한 일이 생겨 미안한 마음에 아랫집에 선물을 가져다드렸더니, 아이들은 잘 먹어야 건강하게 자라나 훌륭한 사람이 된다며 아이들 간식으로 먹이라고 두 배의 양으로 더 비싼 간식을 사다 주고 갔다는 이야기를 들었다. 듣는 순간 어찌나 마음이 따뜻해 지던지... 세상으로부터 들려오는 좋은 이야기는 늘 가슴이 들썩거려진다.

우리가 진정 원하는 세상은 사람의 가치가 지켜지고 서로에 대한 존중과 배려가 훈훈한 그런 세상이면 참 좋겠다며 긴 얘기를 나눴다. 소통에 법칙은 없다. 그러나 마음으로부터 흘러나오는 진심이 담긴 소통에는 사람의 정이 채워지고 서로의 가슴에 행복이 머물게 된다.

우리가 사랑하려는 것은 멀리 있는 것이 아니다. 손을 뻗으면 잡힐 수 있는 그런 근거리에 있는 나의 사람들과 사랑하며 잘 살아내는 것이다. 이기주의가 팽배해지는 세상이라고는 하지만 아직 우리 주변에는 좋은 사람들과 따뜻함을 품은 사람이 훨씬 더 많이 있다.

그래서 오늘도 내일도 멋지고, 살만하고, 좋은 세상풍경이 된다. 누구보다 내가 더 사람을 아끼고 사랑할 일이다.

제 5 부
무념무상이
되는 날

- 여행길에서 느껴보는 삶
- 엄마 손이 약손이지
- 자유인을 위한 어느 날의 인터뷰
- 아버지의 새우젓
- 마흔 일곱살 김숙희를 위해서
- 여행지에서 생긴 일
- 무념무상이 되는 날
- 사람은 늙는 것이 아니고....

여행길에서 느껴보는 삶

 그것을 무엇이라 부르든 상관 없다. 어느 먼 하늘 아래 땅을 질러 구부러진 길을 따라 햇살에 나른히 졸고 있는 돌담의 편안한 미소와 왁자지껄 장에서 마주친 노파의 눈가에 깊게 파인 주름의 이야기 소리와, 경쾌한 시골마을 축제에 곱게 꾸며 나선 처녀의 웃음 소리와, 세월이 덕지하게 쌓인 동네 어귀 쯤에서 거나하게 허풍 떠는 노인네의 높은 목소리면 그것이 어떻게 불리든 상관없다.

 햇살 반짝이는 날 초록 몸뚱이 통통이며 나선 여행길은 탱탱하게 물기 찬 청년 에로스의 찰랑이는 낭만이기 마련. 구름 짙게 끼고 바람 세찬 날 갈색의 마음 빛에 이끌려 나선 여행은 헐겁게 늘어진 중년 에로스의 터벅대는 산책 길이기도 하다.

 초록무늬 모양 맞춰 새긴 간판에 딸린 커피 가게에서 도시의 건물 능선에 걸린 하늘 경계를 눈 찌푸려 올려 보던 어느 날, 짙은 와인빛 가방을 등에 메고 구불어진 길을 걷고 있는 그를 발견한다. 급할 일 없는 듯 빠르지 않은 걸음에 몇 발짝 뒤를 따르기는 어렵지 않다. 그의 발바닥

뒤로 튀어오르는 먼지의 잔해가 일으킨 흙 안개에 뿌연 환영이 조사된다.

 자유로이 오른 여행길에서 꼭 해야만 하는 것 따위를 기약하지 않아도 좋다. 일상에서 행여 떨어져 나갈까 단단히 부여잡던 것조차도 이방인의 눈빛으로 바라볼 수 있게 되는 것이 진정한 여행길이 되기 때문이다.

 길을 나선 걸음은 잠시 쉬어갈 뿐 결코 어느 한 곳에 멈춰 서지 않는다. 애써 답을 구할 필요도 없다. 살아가며 만나게 되는 답을 찾지 못하는 수 많은 궁금증 중 하나일 뿐이다.

 길을 가다보면 어느 한 곳 발길 서성이는 곳도 있기 마련이지만 그 또한 이유는 알지 못한다. 모르고도 지금껏 잘 살아온 것에 대해서는 너른 마음으로 고개 끄떡이며 넘어가는 것이 좋다. 진정한 여행자라면 그래야만 길을 잃지 않는다는 것 쯤은 이미 알고 있기 마련이다.

 이정표 없는 길을 따라 사실 길의 흔적조차 명확하지 않지만 직감으로 길임을 인지할 수 있는 그 길은 영혼에 미리 각인된 길이라 여겨진다. 길을 걷는 것은 오래전부터 나에게 예비된 운명이었다고 받아들이면 혹여 그것에 대해 작게나마 끼어들 여지가 있을지도 모르겠다.

 굳이 운명이란 것에 몸 부비며 끼어들고 싶지는 않지만 아직은 스스로에게 주어진 운명을 알지 못하니 혹시 어딘가 끼어들 여지가 보인다면 애써 고개 돌릴 필요는 없을 것

같다. 절실함 끝에 피어 난 꽃이 가장 오래가는 향을 품고 가장 영롱한 색을 품을 수 있듯 영혼의 절실한 갈증으로 나선 어느 날의 여행에서 아픔과 질고와 햇살과 웃음이 버무려놓은 하루는 길을 만들어 낼 것이다.

 기와 마땅한 배짱과 대장이 진군하는 행진으로...

엄마 손이 약손이지

　월요일 아침 오늘은 가장 먼저 출근하겠다는 기쁨으로 6시50분 터미널에 도착했는데 아뿔싸 고속버스를 예매하지 않은 이유로 오전 9시 전에는 운행하는 버스표가 없다고 한다.
　그럼에도 불구하고 인생에는 늘 다른 방법이 있기 마련이니
　"뭐, 오늘은 낭만적으로 기차를 타고 출근해야지"라는 생각에 여러 번의 대중교통을 바꿔 타가면서 광명역으로 갔는데 지금껏 볼 수 없었던 기이한 현상이 벌어지고 있었다.

　매표소 앞에는 100명도 넘게 긴 줄이 늘어서 있고 줄을 선 사람들의 표정이 무슨 이유에선지 좋아 보이지 않았다. 명절 시즌에만 펼쳐지는 풍경인데 명절에는 사람들의 표정이 설렘 가득 웃음 가득일텐데 오늘의 표정은 모두가 화가 나 있는 듯하다. 무슨 일이 있는 것일까?

　길게 늘어선 줄은 줄어들 기미가 보이지 않는데 옆줄에서 통화하는 아가씨의 대화 내용이 너무나 명확하게 들려온

다. 가족들을 위해 평생을 분주한 삶을 살아온 엄마를 위해 자녀들이 특별한 가족여행을 기획하고 깜짝 이벤트를 엄마에게 선물해 주기 위해 팀을 나누어서 여행지인 여수를 가기로 했다는...

하루 먼저 내려간 아들은 그곳에서 엄마에게 선물해 줄 시간을 준비해 놓고 기다리고 있고, 딸은 엄마를 에스코트해서 오늘 내려가려던 것이 어젯밤 기차 탈선 사고로 인하여 기차의 시간표는 엉켜버렸다는 얘기다.

2주 전 예매한 기차표는 무용지물이 되어버리고 화가 잔뜩 난 딸은 발을 동동 구르며 지연된 기차의 표를 다시 구매하기 위해 늘어선 사람들 뒤에 불편하게 서 있는 상황이었다. 옆에서 듣기만 해도 엄청 속상한 이야기다.

"엄마를 위한 여행 선물을 준비하며 행복했을 텐데"
얼마나 속이 상할까?"

한참을 그렇게 오빠와 속상한 통화를 하는 딸 옆에 말없이 서 있던 엄마의 목소리가 들린다. 느닷없는 딸과 아들의 여행 초대에 어찌나 좋던지, 여수 여행에 대한 설렘으로 지난 며칠이 피곤하지도 않았다면서 자식을 잘 키운 보람이 있다고 여수 가서 재미나게 잘 놀고 쉬다가 오자는 말을 하면서 딸의 손을 잡아준다.

엄마의 다정한 말투에 한참을 씩씩거리던 딸의 표정이 풀리기 시작한다. 엄마의 위로가 약이 되는 순간이다. 엄마의 위로를 받은 딸은 한마디를 더한다. "우리야 조금 늦게 여행지를 가면 되고 여행 일정은 수정하면 되는데, 열차 사고로 다친 사람들이 더 걱정된다면서 많이 다친 사람들이 없었으면 좋겠다"고 말하며 환하게 웃는다. 웃는 얼굴을 보니 참 예쁘다.

 살다보면 예기치 않은 불편한 시간들을 만날 수 있다. 그 불편한 시간에서 마음의 온도가 주는 평화는 역시 엄마의 사랑 온도가 가장 따뜻하다.

 낯선 여행자들에게 행운을 빌어주며 조금 늦어진 여행이지만 가장 기억에 남는 멋지고 행복한 여행을 보내기를 나도 응원해본다.

자유인을 위한 어느 날의 인터뷰

비가 점점 더 내릴 것이라는 기상예보가 있던 날, 홀연히 계획에 없던 인터뷰를 하기 위해 제주도로 떠났다. 나는 느닷 없이 하고싶은 일이 생각나면 꼭 하고야 마는 성향을 지니고 있다. 궁금했던 어떤이의 인생이 있었는데 영혼의 비상 식량을 마치 식량처럼 사용하는 듯한 느낌을 주는 사람이었다.

쉰이 넘은 나이에 그는 자기가 하고 싶은데로 사는 사람이기도 하고 마치 백과사전을 열어보는 것처럼 어떤 질문에도 거침없이 답을 하는 사람이기도 한데, 삶이 글인 듯, 글이 삶인 듯, 그런 삶을 살아가는 그의 마음 이야기가 나는 듣고 싶었다.

제주 공항에 도착하여 긴 파마머리에 검은 중절모를 쓴 그와 반가운 악수를 하는데 엄지 손가락이 없었다. 차에 오르니 비오는 날에 어울리는 클래식 선율을 따라 차이콥스키가 활짝 웃고 있다.

우리는 회국수로 유명한 식당을 찾았고 바다가 훤히

보이는 통유리 너머 여행객들의 웃음과 비가 버무려져 유쾌하게 걸어다니고 있는 풍경을 보며 식사를 했다.

 인심 가득한 사장님이 내어온 국수에 한라산 한 병을 정겹게 나누며 우리는 금방 친구가 되었다.
 인터뷰로 나눌 이야기는 자유와 행복이었다.

 "자유가 존재할 때 인생은 행복할 수 있다"는 말,
 그 말에 나는 무조건 동감했다. 국수 한 그릇에도 차별된 맛이 담겨있듯이 각자 서로의 인생 속에는 무수히 많은 넘실대는 자유가 있는 것 아니든가.

 젊은이들이 빼곡하게 여행 온다는 월정리 해변에서 우리가 선택한 카페는 "바람벽에 흰 당나귀"였다.
 나의 영웅 백석도 초대해 놓고 그의 이야기를 꺼내본다. 젊은날 사랑하는 아내와 제주 여행을 하다가 쉰이 넘으면 제주에 터를 잡으리라고 다짐했던 그는 지천명이 되던 나이에 주저 없이 배낭 하나 메고 제주로 여행을 오듯 삶의 터를 바꾸러 왔다고 한다.

 아내에게 짐을 보내달라고 했을 때 그의 아내는 남편의 뜻을 따라주었다 한다. 그가 살아온 삶이 주는 답이다. 유난히 키가 작은 그는 영혼의 자유인, 마음을 즐기는 여행자였다.

 그는 가난한 시골에서 중학교 진학을 할 수 없는 설움에 서울이라는 낯선 도시로 밤 기차를 타고 올라와 서울역 어느 지점에서 땅콩 장사를 도우며 2년이란 시간을 보냈는데, 자신의 작은 몸무게보다 더 무거운 50킬로의 땅콩 자루를 아침마다 창고에 옮겨 주는 일을 했다.

 넘어질 때 다시 일어서기 힘든 절망 속에서도 가족에 대한 그리움은 생존을 위한 긴 사투의 시간이 되었고, 생의 쓰고 고된 맛 속에서 무지한 자신을 발견하고 날이 새는 것마저 잊은 채 혼자만의 공부를 했다.

 한국사로, 세계사로, 미술의 세계로, 글의 세계로, 철학의 세계로, 온갖 세상에 존재하는 만권이 넘는 책을 읽으며 활자에 중독되어 갔다.

 글을 쓰며 음악과 그림을 알게 되고 사람의 마음을 알게 되었다 한다. 생존이 아닌 마음이 가득 채워지는 삶이 되니 자유가 찾아왔고 어릴 적 알지 못했던 예술 속에서 꿈을 중년의 나이가 되어 발견했다고 한다.

 무극의 대본을 써주는 작가가 되었으며 사람들과 꿈이 모이고 다가와 아름다운 날을 맞이했다고 한다. 그의 최종학력은 초등학교 졸업인데 그가 쓴 글에는 비상하는 자유가 있고, 그 모든 것이 마음이 준 선물이라고 말하는 그를 보며, 갑작스런 나의 성향으로 인터뷰하러 온 제주의 시간은 고맙고 보람된 시간이었다.

아버지의 새우젓

"한 많은 이 세상 야속한 님아…님을 두고 몸만 가니 눈물이 나네…"

그랬다 아버지의 노래는 평생 단 한 곡 한오백년뿐이었다. 왜 그랬을까? 세상에 그리도 많고 많은 노래 중 아버지는 왜 한오백년을 그리도 애달프게 불렀던 것일까?

해마다 10월이면 아버지에 대한 그리움이 무상한 안개처럼 차오른다. 보고 싶고 불러보고 싶은 아버지가 먼 여행을 떠나신 날이 바로 오늘이다. 30년 전 아버지는 인생은 왕복이 아닌 편도의 먼 길을 간다는 것을 당신의 여행으로 알려주셨다.

작년 아버지의 기일은 참 따스했다. 바람도 그랬고 내 마음도 그랬다. 어쩌다 보니 아이들이 따라나서게 되어 아버지의 기일은 고향으로 모이는 느닷없는 가족여행이 되었다. 둘러앉아 식사를 하려는 순간 올케의 친정어머니가 하늘나라로 먼 여행을 가셨다는 소식이 전해왔다. 그런 이유로 올해 아버지의 기일은 각자의 집에서 부모님을 추모하며 지내기로 했다.

 언니는 불효자식이 되었다며 마음이 너무 불편하다는 하소연을 길게 하기도 했다.

 아버지가 먼 여행을 떠나신 지가 어언 35년이 되어가지만 유년의 기억에 아버지의 밥상에는 늘 새우젓이 놓여있었다. 호기심에 먹어보았는데 비린내와 또한 너무 짜고 맛없는 새우젓을 아버지는 왜 그리도 드시는 것인지 이해가 되지 않았다.

 하루는 엄마가 차려낸 밥상에서 아버지 몰래 새우젓을 부엌에 갔다 숨겨놓았는데 새우젓이 없는 밥상에서 아버지는 이것저것 맛있게도 드셨다. 철없는 막내딸에게 다른 반찬을 먹이기 위해 그리도 짠 새우젓을 아버지는 날마다 드셨던 것이었다.

 아버지의 나이를 지나가다 보니 이런 생각을 해본다. 당신의 나이 쉰이 넘어 세상에 인연으로 온 막내딸이 아버지의 나이로 버겁지는 않으셨을까?
 시골의 살림이라고 해 봐야 주렁주렁한 자식에 모든 것이 어렵고 부족했을 가난한 농부의 집안에 쉰둥이의 딸이 많이 어려웠을 텐데도 아낌없는 사랑으로 유년을 풍성하게 채워주셨던 아버지의 한 오백 년은 어쩜 당신도 당신의 아버지가 애닯게 그리웠던 것은 아니었을까?

 먼 시간으로 건너가 보면 혹시 아버지의 그 따뜻했던 미소 한 조각이 어느 시간의 길 위에 남아있지는 않을까?

마흔일곱 살 김숙희를 위해서

 새로운 모임을 시작하기로 한 날 약속 시간이 가까워질수록 빗방울 소리가 커지면서 내리는 속도가 점점 강해졌다.

 '차가 막힐 것 같으니 예정보다 빨리 출발해야겠고 그러려면 하던 일을 멈추어야 하겠네'. 낯선 그녀들을 만나려는 설레이는 마음에 교양 한 웅큼 주머니에 넣어서 가야지 생각하며 길을 나선다.

 우리들 모임은 은밀히 시작되었고 잔잔한 음악 소리에 맞춰 옆자리의 그녀가 마흔일곱 살을 꺼내 놓는다.
 마흔 일곱 살 그녀는 곱고 예쁘게도 생겼다.
 그녀를 보며 꿈틀거리는 내 마흔 일곱이 걸어 나온다.

 그래, 그때는 꿈을 꾸고 있었지.
 어쩌면 이루어지지 않을지도 모르는 부푼 꿈을 바보처럼 꾸었어. 누군가 그랬거든. ''꿈은 이루어질 수 있는가, 가능성의 범위가 아니라 누구라도 저것은 미친 짓이라고 할 수 있는 것이 꿈''이라고...

날마다 항아리에 간절한 마음 편지를 써서 넣어두었지. 수신인은 바로 나 자신이었고 미친 듯 열심히 나를 응원해주었다.

 누군가 왜 하필이면 항아리였느냐고 물었을 때 멋진 보관함이었으면 더 좋았겠지만 나에게 닿을 수 있는 항아리도 꿈 편지함으로 괜찮았고, 나는 꿈이라는 단어를 포기할 수 없었기에 마흔일곱 살에서 쉰으로 가는 꼬박 3년을 내안의 나에게 프로포즈를 하며 열렬하게 보냈었다.

 그때의 분주함이 오늘을 만나게 해주었고 지금 이 자리에서 파티를 즐기는 그녀들이 모두가 사랑스럽게 느껴졌다. 365일 우리에게 공평한 방식 안에서 어떤이는 박사 과정을 공부하고, 어떤이는 직업을 바꾸려고 노력하고 있으며, 어떤이는 누군가와 좋은 것을 나누기 위해 공간을 제공하고 서로의 꿈을 늘리고, 어떤이는 다른 누군가의 인생 친구가 되어주었다.

 아직 꿈을 이루었다고 성급하게 선포할 수는 없지만 우리들의 시간을 감성의 곳간에 함께 채우며 꿈을 쟁여두는 일, 함께 휘파람을 불어보며 햇볕 드는 창을 열어놓고 기다려 보는 일도 소중하다는 것을 배운 것에 감사한다.

 우리는 지금 잘 살아내고 있는 중이고 마흔 일곱 살 김숙희 그녀를 위해서 언니들의 뜨거운 박수를 모아 준다.

 생명이 있는 모든 것은 그 사랑을 위해 존재하니까.

여행지에서 생긴 일

 몇 해 전 여름 강원도에서도 오지로 알려진 시골에 여행을 간 적이 있었다. 그곳에서 우연히 구십이 넘으신 어르신을 만나게 되었는데 그 어르신은 내 나이가 쉰이 넘었냐고 물으시더니 재미있는 숙제를 하나 내어주겠다며 빙그레 웃으셨다.

 낡고 오래된 집 처마 밑에는 옥수수가 매달려 있었는데 얼마나 오래 되었는지 꼬질꼬질하고 말라서 건조하기가 마치 미라처럼 보였다.

 "어떤 마음으로 여행을 즐기는 여행자신가?"

 그 어르신은 물어보시는 말투부터가 남다른 말의 품격을 가지고 계셨다.

 "이 옥수수가 어떤 생명을 지니고 있는지 집으로 가져가 실험해 보실텐가? 마른 옥수수에 물을 주어보시게!"라며 옥수수 한 자루를 떼어 주셨다.

세상 풍경 한가운데서 생명을 만나는 여행이 되기를 기대한다는 어르신의 말에서 사람에게는 언어가 발휘하는 힘이 참으로 크다는 것을 알게 되었다.
　덕분에 여행은 즐거웠고 마음에 호기심은 커졌다.

　선물 받은 옥수수를 휴지에 쌓아 물을 부어놓고 일주일쯤 지났을까? 접시에 담아놓은 옥수수 알을 살펴보니 보일 듯 말 듯 새하얀 씨앗이 자라나고 있었다.

"나 살아 있소이다. 지금부터 힘차게 세상으로 나아가 열매를 맺을 것이니 응원을 부탁합니다."라고 말하듯…

　옥수수알은 70년 만에 일어나 살아있음을 보여주었고 흙으로 옮겨주니 잘 자라나서 열매를 맺는 경이로움을 보여주었다.
　그 때의 여행지는 신비로움이었고 어르신은 생명의 위대함을 깨닫게 한 큰 스승이셨다.
　다시 한 번 어르신을 찾아가 인사를 드리고 싶어졌다.

　그렇게 긴 시간을 견뎌내며 생태환경을 극복하고 생명을 피워내는 옥수수를 보면서 온 세상 만물의 영장이라 불리는 사람 안에도 마음 씨앗이라는 어떠한 무한한 힘이 있을까를 생각해 본다.

　사람다움의 가치를 피워내 잘 다듬고 익히며 우리 함께 행복하게 잘 살아낼 수 있는 고맙고 멋진 생을 서로 축복해줘야 하지 않을까 생각해 본다.
　여행은 늘 이렇듯 알아차림의 선물인가 보다.

무념무상이 되는 날

 민낯의 토요일 오후 갑작스럽게 호떡이 먹고 싶어집니다. 늘 그 자리에 있는 동네 앞 포장마차에 호떡을 사러 나갔다가 커다란 배낭을 멘 어르신을 만났습니다. 살아온 나이를 가늠케 하는 그녀의 수다와 그림을 그려놓은 듯한 자연스러운 주름살이 조화롭게 잘 어울렸습니다.

 한참 수다를 늘어놓던 그녀는 아픈 다리를 이끌고 힘들게 캔 것이라며 굴을 사라고 합니다. 먼 길을 돌아온 굴과의 조우가 반갑다고 느껴지면서 바람의 자맥질로부터 내게로 와준 굴을 보니 갑자기 바다로 여행이 하고 싶어집니다.

 분주한 날들이지만 1박 2일의 계획 없는 여행을 훌쩍 떠나보기로 결심했습니다. 주섬주섬 짐을 꾸려 집을 나오고 보니 가을 녘의 빈 들이 반갑기 그지없습니다. 가을바람 듬뿍 먹은 노을과 겨울을 준비하는 바다가 고운 풍경으로 말을 걸어옵니다.
 그리고 무념무상이 되는 나를 만납니다.

 초겨울 들녘에 서 있는 농가 어느 끝에서 마주한 작은

펜션, 노년의 부부가 반갑게 마중을 나와줍니다. 단골손님 같은 멍멍이의 Mosso 풍으로 다가오는 화음이 시골 농가임을 확인시켜 주니 더 정겹습니다.

 문이 열리고 나의 하루를 풀어놓을 저녁상이 식탁 위에서 인사를 합니다. 편의점에서 구매한 초고추장은 멀건 고추장이었음을 알게 되고 주인 어르신께 웃음 한 점 꺼내어 주고 고추장으로 바꾸는데 성공을 합니다.

 전기밥통에 굴밥을 짓고 프라이팬에 고기를 굽습니다. 나만의 방은 잔치가 열리고 라면에 대파를 송송 썰어 주인 어르신이 주신 어린 배춧잎으로 샤브를 만듭니다. 나에게 이런 멋진 여행을 하게 해준 굴이 빠지면 안되겠지요. 속이 그득 채워지는 밤은 깊어가고 별들이 속히 잠을 청하라는 전갈을 보냅니다.

 다음날 아침상를 펴놓고 초겨울이 주는 여운에 라면을 끊이며 몽글거리는 서리에도 작은 기쁨을 느껴봅니다. 아침을 활짝 열어놓으니 마음이 동행길을 주섬주섬 따라 나섭니다. 농가를 지나며 생의 살이들이 빚어놓은 자연 작품을 만나는 기쁨 또한 마음 가득 부요로 채워집니다.

 길섶의 정겨움만큼 동무 삼아 동행해 주는 마음에게 수다를 떨어 봅니다. 꿈꾸던 어제에서 빚어놓은 내일은 오늘의 나를 다시 설레이는 심장으로 보여줍니다. 차안에서 음악을 활짝 열어놓고 공중 화장실에서 커피포트에 물을 끓여 봅니다.

혼자 맡아도 좋은 커피향은 친구가 되고 나는 가장 행복한 여행객이 되어 황홀하게 바다를 만집니다. 언젠가 이런 민낯의 여행을 꿈꾼적이 있습니다. 걷고싶은 데로, 먹고싶은 데로, 눕고싶은 데로, 그렇게 마음가는 데로, 나다운데로 행복해지는 여행을 말입니다.

 나를 사랑해주는 하늘과, 바람과, 공기에 진심어린 감사를 표현합니다.
 갑자기 만난 굴을 따라 나만의 여행이 되어버린 날, 다시 또 나의 날들을 신비롭고 즐겁게 살아가기 위해 오늘을 열어보려 합니다.

사람은 늙는 것이 아니고 변화
하고 발전하면서 잘 익어가는 것

"보이는 것은 보이지 않는 것에 의해 탄생되었다"는 말이 있습니다. 보이는 것은 현실이고 보이지 않는 것은 마음의 세계라고 할 수 있습니다. 보이지 않는 우리의 마음에는 과거와 현재의 시간이 담겨 있고 미래의 희망 또한 찾아와 있으며 지나온 시간을 잘 소화시켜 만들어 낸 좋은 추억도 사실은 아주 많이 있습니다.

 우리는 날마다 먹는 음식을 잘 소화 시키는 것도 중요하지만 우리가 살아내는 삶의 시간을 잘 소화 시키는 능력도 필요합니다. 보이지 않으나 존재하는 우리들의 소중한 마음, 모든것을 만들어내고 꿈꾸게 하고 확산시켜주는 우리의 마음이 얼마나 소중하고 귀한 것인지 우리는 알아야 합니다.

 세상에서 가장 어려운 일이 다른 사람의 마음을 얻는 일이라고도 합니다. 그러나 타인의 마음을 얻기전에 먼저 내 마음을 잘 얻어야 합니다.

내가 무엇을 원하는지 나의 마음은 가장 잘 알고 있기 때문입니다.

이리저리 흔들려가면서도 끝내는 나를 세워주는 마음에 우리는 힘을 실어주고 또한 믿어주어야 합니다. 집중과 선택은 마음으로부터 나에게로 가는 길을 잘 알려주는 전진하는 명제이기도 합니다.

선택과 집중을 해야...
그래야 인생의 비밀번호를 잘 알아낼 수가 있습니다. 인생이 나에게 준 주어는 감사입니다. 서술어는 행복이며 동사는 용기이고 목적어는 '옳고바른마음'입니다. 내가 누구인지를 정확하게 알아내어 멋지게 살아가기 위해서는 옳고 바른 마음이 반드시 필요한 것입니다.

우리가 인생을 살아가는 일에 함께 나누는 경험은 축복이라고 할 수 있습니다. 글은 '기승전결'이라는 법칙을 적용해서 쓰는데 인생도 기승전결이면 얼마나 좋을까를 가끔 생각해 봅니다. 살다보니 즐겁고 행복했던 경험이나 좋은 일들도 많이 있지만 예견하지 못했던 마음 아프고 가슴 저린 안타까운 일들도 참으로 많은 것이 삶인것 같습니다.

어떤 일이 앞에 오고 어떤 일이 뒤에 오든 결국은 우리가 살아내야 하는 제 몫의 인생입니다. 선 인생의 경험을 가지고 후 인생의 진정한 용기로 자신의 삶을 바꾸고 승화시키는 작업, 누에가 깊고 깊은 실을 뽑듯이 삶의 잠재의식에서 오는 체험을 긍정으로 부활시키고 삶의 갈증을 옳고 바른 마음이란 마법의 언어로 풀어내는 작업을 하며 행복을 채워 봅니다.

 인생을 살아보고 체험의 영역 속에서 풍부한 체험의 세계를 재활용해 생산적 에너지로 바꾸어서 생을 바꾸어 낸 멋진 인생의 선배님들을 존경하고 사랑합니다. 우리가 최선을 다해서 삶을 살아낼 때 내 능력 밖의 일들이 이루어진다는 인생의 선물을 간절하게 믿어봅니다.

 "사람은 늙는 것이 아니라 변화하고 발전하는 것이다. 나이로 아름다운 것이 아니라 사람으로 아름다운 것이어야 한다"고 말했던 그래서 80세에도 아름다운 사람으로 인정 받았던 소설가 박경리 님처럼 우리도 그녀처럼 아름다운 삶을 지향해야 합니다.

 생산적 에너지를 가치롭고 소중하게 꽃으로 피어나게 해야 할 것이며 마법을 부리는 언어의 홀릭 속에서 즐겁게, 아름답게 도전하며 우리는 함께 용기 있는 사람들이어야 합니다.

세상의 모든 것과 함께

 일흔살도 채 되기 전 하늘나라로 소풍을 떠난 큰오빠. 얼마 전 그 큰오빠의 장례식을 치렀습니다. 기절할 만큼 서럽고 아프게 우는 언니...
 우는 언니와 오빠는 유년의 시간을 함께 하며 공유한 것이 많아서인지 특별한 남매의 정이 담긴 것처럼 지내던 부부 사이라 그런지 정말로 깊고 슬픈 울음이라는 생각이 들었습니다.

 내가 세상에 태어났을 때 큰 오빠는 이미 부모님으로부터 독립된 삶을 살고 있어서 한 집에 살았던 기억이 별로 없었습니다. 스물다섯 살이나 나이 차이가 났었기에 나에게 큰오빠는 아버지의 닮은꼴이기도 했습니다.

 마치 깊은 잠을 자고있는 것 같은 오빠에게 수의를 입혀주었습니다. 마지막 애도를 모아 이별의 의식을 치르는 것을 보며 한 사람의 온 생이 기억으로만 오롯이 들어간다는 것이 남은 이들에게는 그리움이 된다는 것과, 다시 마주하지 못하는 영원한 이별이 된다는 것을 실감하기 시작하는 시간이기도 했습니다.

오빠를 보내며 나도 나의 유서를 써 보았습니다.
이 땅에 내 이름을 남길 수 있어서 감사한 삶이었습니다. 좋은 인연의 부모에게서 시작된 나는 무한한 사랑을 받은 사람이었고 행복한 삶을 잘 채우다 가는 사람입니다.

살아오던 시간중에 불편함이 길게 이어진 시간도 있었지만 그것은 삶에서 배운 경험이었고, 불편함을 해결 할 수 있는 지혜를 배우는 창조적인 시간이었던 것으로 기억이 됩니다.

불편함의 시간에서 나는 글을 쓸 수 있는 사람으로 살 수 있었고 글은 나에게 희망이라는 선물을 무한하게 안겨주었습니다. 나에게 보내준 생의 신호는 기쁨이었습니다. 나의 온 생에는 웃음이 참으로 많이 채워져 있습니다. 웃을 수 있는 마음을 허락하신 그 분께 깊은 감사를 드려봅니다.

내가 사랑했던 맨드라미꽃 에게도, 흉내 낼 수 없는 향을 나에게 가득 채워준 커피 향에도, 나에게 쉼을 채워준 나의 흔들의자 에게도, 봄. 여름. 가을. 겨울을 사랑하게 했던 자연에도, 부족함 많았던 엄마를 사랑해 준 나의 복덩어리들에게도 감사와 사랑을 전합니다.

나의 이름에 친구라는 이름표를 달아준 친구들에게도 감사를 전합니다. 사람의 마음을 알게 해준 '옳고바른마음' 마법의 문장에게 나의 주머니에서 늘 들썩거려 주어서 고맙다는 말을 전합니다. 행복한 소풍을 잘 머물다 갑니다.

안녕....

　우리는 계수할 수도 없는 인생을 잘 살아낼 일입니다. 오늘도 나의 삶에 프로포즈를 전해 봅니다. 잘 해 왔고 더 잘 해 낼 나를 응원하며 나는 지금의 나를 사랑하렵니다.

웃어봐

 전국에 있는 사람들을 대상으로 집합 교육을 진행하고 있는데 기수마다 특이 성향을 가진 사람이 꼭 있다. 지난주에 마친 6기에서는 그야말로 웃음보따리를 선물해 주는 사람이 있었다. 교육을 시작하는 첫 시간에 오프닝을 하면서 어디에서 온 누구인지를 소개하는 시간이 있었는데 자신의 이름을 기이하게 소개하는 것이다.

 본명이 이우섭인데 성을 뒤로 가져다가 점 하나를 찍으면 우섭아가 된다며 자신의 이름을 불러달라고 한다. 우섭아, 우섭아를 자꾸 자꾸 부르다 보니 '웃어 봐'가 되는 것이다. '우섭아'는 재미나게도 '웃어 봐'가 되고 함께 하는 이들이 자꾸자꾸 '우섭아'를 합창처럼 부르면서 강의장 안은 온통 웃음의 나라가 만들어진다.

 3박 4일 동안이나 우리를 행복하게 만들어 준 '웃어봐'는 전염성이 있었고 지나가다가 만나거나 또는 발표를 하거나 조별 모임을 하게 되어도 온통 우리를 웃게 만드는 웃음의 시간으로 채워주는 즐거움이 되었다.

웃음은 신이 주신 최고의 선물이다. 온통 웃음을 선물해 준 교육생의 생물학적 나이는 일흔이 넘었으나 그가 표현 하거나 보여주는 행위는 푸른살 꿈쟁이의 멋진 모습이었다. 꿈을 갖고 있는 사람은 늙지 않는다는 말이 있다. 생물학적 나이와 상관없이 꿈을 가진 사람은 어느 나이를 지나더라도 푸른 살의 빛나는 청춘을 산다.

이번 6기 교육생들과 꿈 항아리에 담아놓을 편지를 함께 써 보았다. 자신에게 주고 싶은 응원의 메시지와 23년도 너무나 간절하게 이루고 싶은 꿈을 각자의 이름과 함께 항아리에 담아두었다. 우리 모두의 간절한 염원이 담긴 꿈 항아리를 닫으며 긴 기도를 했다. 이들이 염원하는 기도의 질량 모두가 이루어지기를...

사람은 사람에게서 배우고 얻는다. 지식을 배우기도 하지만 지혜를 얻게 된다. 이번 교육에서도 기적을 만들 수 있는 웃음을 배웠고 우리가 함께 한 시간에서 귀한 꿈을 함께 그리게 되었다. 사람은 사람을 만나 희망을 캐내고 기적을 만드는 것이다.

너의 이름을 부르면 웃음이 천천히 손을 흔들며 걸어나온다. "우섭아, 웃어 봐" 남아있는 모든 날들이 웃음꽃으로 채워지기를 기도해.

꽃신을 신고 걸어보자

 지금도 그렇지만 나는 유년 시절과 성장기에도 몸에 달라붙는 옷을 입는 것을 가장 싫어했다. 헐렁헐렁한 느낌이 나도록 체구보다 훨씬 큰 것으로 옷을 입어야만 안전하다고 생각 되었기 때문이다.

 엄마가 준비해 주는 멜빵 주름 치마와 브라우스 보다는 4살 많은 오빠의 커다란 옷과 운동화를 신고 노는 것을 좋아했다. 그러다 엄마의 눈에 띄기라도 하면 그렇게 큰 신발을 신고 놀면 도둑놈 발 된다면서 말리고는 하셨다. 그런 이유에서일까? 성인이 되어서도 나는 구두보다는 편한 신발을 즐겨신게 된다.

 어떤 사람은 구두가 패션의 출발 이라고도 하고 어떤 사람은 구두가 패션의 마무리 라고도 하는데, 나는 발의 정 사이즈 보다는 여유 공간이 있는 신발을 신고 다녀야 하루가 편안하다.

 오십이 넘어서도 이렇게나 분주한 나날을 살게 될 줄 예견하지 못했다. 할 일이 너무 많아서 일주일이 어떻게 가는지 점검 할 마음의 여유조차 없이 사는 나에게 곧 다가

오는 생일을 맞이하여 꽃신을 맞추어 주기로 했다.

늘 그렇듯이 해마다 생일이 오면 나는 나에게 셀프 선물을 해주곤 한다. 평소에 가지고 싶은 것을 메모 해 두었다가 그 중 가장 탐나는 것을 생일 선물로 정한다. 올해는 굽 높이를 조금 낮추고 빨간 꽃신을 장만했다.

굳이 남의 눈치를 볼 필요는 없다. 신발의 볼이 넓어도 사이즈가 생각보다 크다고 해도 괜찮다. 가장 나 다운 것은 내가 나를 인정하고 응원하는 것이어야 한다고 생각하기 때문이다. 나는 스스로 나름 독특한 차림이라고 생각하지만 아이들은 엄마는 패션 테러리스트라며 웃었는데 꽃신을 보면 또 뭐라 할지 기대가 된다.

봄에 태어나 보내어진 나는 꽃구경도 좋아하고 꽃길 걷는 것도 좋아한다. 봄은 하고 싶은 일을 마음껏 할 수 있는 멋진 계절이다. 몇년 전 황홀하게 걸었던 구례의 벚 꽃길을 꽃신을 신고 걸어 볼 참이다.

산다는 것은 늘 이렇게 가슴이 떨린다. 하고 싶은 일을 꿈꾸는 것에 가슴이 설레고 다시 한 번 봄의 주인이 된다는 것에 더 가슴이 설레이고 있다.

구례의 벚꽃길을 돌아 조그마한 시장 모서리를 지나면 부부가 하고 있는 작고 특별한 커피숍이 있는데, 오랜 시간이 지났지만 올해도 그 작은 카페에서 커피 한 잔을 마실 수 있었으면 좋겠다.

이정인의 글 세계

풍부한 어휘력과 탁월한 수사 기법을 차용한 이정인의 수필집 <마음 밭 꽃씨 하나>

시인이며 수필가이며 칼럼니스트인 이정인 작가의 수필집 <마음 밭 꽃씨 하나>를 출판 전 원고를 읽어보았다. 이번 이정인 작가의 수필집은 그동안 작가가 <골프타임즈>에 '이정인의 '마음 밭 꽃씨 하나'의 제목으로 오랫동안 연재해 왔던 기명 칼럼을 한 권의 수필집으로 묶어낸 것이다.

사람들은 수필을 가볍게 보는 경향이 있다. 필자가 쓰고 싶은 대로 쓰는 것이 수필이라고. '따를 수(隨)' '붓 필(筆)' 수필(隨筆)은 붓 가는 대로 쓴다는 뜻이다. 붓 가는 대로 쓰는 데 필요한 것이 있다. 성숙한 사고(思考)와 절실한 경험, 여기에 따뜻한 마음을 갖고 있어야 한다.

하나 더, 탄탄한 문장력을 갖지 않은 사람은 아무리 용을 써도 붓 가는 대로 쓸 수가 없다. 그렇다면 수필은 아무나 쓸 수 있는 게 아니다. 수필집은 많되 진정한 수필의 글은 많지 않은 현실이 이것을 잘 말해 준다.

  수필은 그 손이 구름의 높이에 가 닿아 있으면서 진창 같은 현실에 발이 붙어있어야 맛이 난다. 콩이다 팥이다 집어 말하지 않으면서 콩보다도 콩다운 것을, 팥보다도 팥다운 것을 가슴에 안겨다 주는 것이 바로 수필가의 그 그릇이기 때문이다.

  따라서 수필가의 안목에 폭이 없거나 그 체온이 싸늘하거나 또 그 사려(思慮)의 벽(壁)이 놓이면, 그 글이 사람을 끌 리 없다.

  지성(知性)이 날카롭되 남을 수용(受容)하는 데 인색하거나 선심이 제아무리 손이 크더라도 개(個)를 잡아내지 못하면 함께 편견주(偏見主)가 되기에 십상이다. 그들은 모두 그 능사(能事)로 하여 일방(一方)의 웅(雄)일지언정 대기(大器)는 못 된다.

  수필은 그 현실감에서 소설을 닮았으면서 그 풍격에서 시(詩)를 겸한다. 소설적인 발상에서 시(詩)를 꿰지 못하거나 시(詩)의 고양(高揚)된 낭만에서 소설적인 여(閻)항의 훈기를 뿜어내지 못하면 그 수필은 이미 수필이 아니다.

  이정인의 수필집 <이정인의 마음 밭 꽃씨 하나>는 내가 읽은 수필집 중 '붓 가는 대로 쓴 글'에 부합하는 책이다. 바른 수필가가 쓴 참된 수필이란 말이 되겠다. 그는 수필이 요구하는 성숙한 사고와 절실한 경험 그리고 따뜻한 마음과 탄탄한 문장력을 고루 갖추고 있다.

이정인의 수필집 <마음 밭 꽃씨 하나>는 모두 제5부로 이루어져 있다. 작품을 대충 분류한 게 아니라 기준을 정한 뒤 치밀하게 나누었다. 제1부 어느 날의 달빛, 제2부 그럴 수 있지 뭐, 제3부 여름 이야기, 제4부 모든 것의 모든 것이 되어, 제5부 무념무상이 되는 날.

수필을 여러 잣대로 분류할 수 있을 것이다. 그중 진술 방식과 태도에 따라 나눌 때는 서정적 수필에 속하는 글들이 많다. 이정인의 수필도 그렇다. 작가가 일상생활 또는 자연에서 느낀 감상을 주정 적이면서도 주관적으로 표현하고 있기 때문이다.

그러나 교훈적 요소도 다수 포함하고 있다. 작가의 직장 등 오랜 사회활동 경험에서 얻은 예지(叡智)를 기초로 독자들을 설득하고 있다. 이웃을 축복해야 나에게도 축복받는 일이 생김, 멈추면 보이는 것들, 행복 요양원, 나는 괜찮아지고 있는 중, 백년손님과 아들, 풀씨 하나가 만들어 준 인연, 사람의 마음씨 안에는 모든 것이 가득해, 공감은 선물이고 소통은 숙제다, 자유인을 위한 어느 날의 인터뷰 등의 표현이 좋은 예이다.

수필가는 많되 문학성을 갖추고 있는 수필가는 많지 않다. 이정인의 수필은 문학적으로 성공하고 있다. 무엇보다도 수사 기법이 탁월하다.
이정인 작가는 마케팅이라는 전문 분야에서 오랫동안 직장 생활을 해오다가 퇴직하고 최근에는 '나 하나 바로 서면 세상이 바로 선다'는 강령 아래 '옳고바른마음 인지 인성 교육'과 '옳고바른마음 인지 생활 운동'으로 인성 을 회복하여 사람 중심의 사회를 만들어 국민화합의 시대를 열어 가고자 하는 마음으로 설립된 '옳고바른마음 총연합회'에서 사무총장직을 맡아서 맡은바 업무에 충실히 하며 늘 젊게 살고자 노력한다. 이런 삶이 앞으로 나올 제2수필집의 좋은 글감들이 될 것이다.

아무튼, 수필은 경험과 성찰, 관조(觀照)의 문학이다. 따라서 20~30대의 젊은 사람보다는 머리 희끗희끗한 50~60대 연배의 사람이 쓰기에 적당하다. 이 가운데 시인이자 수필가이며 칼럼니스트인 이정인이 있다. 이정인은 수필 쓰기의 적임자다. 한국 수필 문학의 금자탑을 쌓아온 유명 수필가 등의 뒤를 이어 우리의 수필 문학을 풍성하게 만들어 줄 이정인 작가에게 기대를 거는 사람들이 적지 않다.

독자 제현의 일독을 권하며 작가에겐 건필을 빈다.

2023년 3월

장건섭 시인 (미래일보 편집국장)

이정인 에세이집
마음 밭 꽃씨 하나

초판 인쇄 ‖ 2023년 3월 28일
초판 발행 ‖ 2023년 3월 30일

지 은 이 ‖ 이 정 인
발 행 인 ‖ 박 소 향

펴 낸 곳 ‖ 도서출판 지식과사람들
등록번호 ‖ 2020-000053
주   소 ‖ 서울 중구 퇴계로 217 (진양상가 675호)
대표전화 ‖ 010-8976-1277
홈페이지 ‖ miryarm@daum.net
I S B N ‖ 979-11-978989-8-3

정   가 ‖ 12,000원

이 책의 저작권은 저자와 출판사에 있습니다.
잘못된 책은 바꿔드립니다.